ई-हिन्दी

यु.जी. ऑनर्स प्रोग्राम, प्रथम सेमेस्टर, मैनर कोर्स,
कालिकट विश्वविद्यालय, केरल

अध्ययन मण्डल (यु.जी.)

डॉ. सिन्धु एस.एल.
(अध्यक्षा, अध्ययन मण्डल, यू.जी.)
सह आचार्या, सरकारी विक्टोरिया महाविद्यालय, पालक्काड़, केरल

डॉ. आर. सेतुनाथ
(अध्यक्ष, पी.जी. अध्ययन मण्डल)
प्रोफ़ेसर (सेवानिवृत्त), कालिकट विश्वविद्यालय, केरल

डॉ. मीरा पी.आई.
सहायक आचार्या, हिन्दी विभागाध्यक्षा, सामूतिरि गुरुवायूरप्पन कॉलेज, कोषिक्कोड़

श्री जयेष पी. नायर
सहायक आचार्य, परास्नातक हिन्दी विभाग एवं शोध केन्द्र, गवर्नमेंट आर्ट्स एंड साइंस कॉलेज, कोषिक्कोड़

डॉ. विजय कुमार ए.आर.
असिस्टेंट प्रोफ़ेसर (प्रिंसिपल), सेंट मेरीस कॉलेज, सुल्तान बत्तेरी, वायनाड

डॉ. सौम्या सी.एस.
सहायक आचार्या, हिन्दी विभागाध्यक्षा, श्री नारायणा कॉलेज, आलत्तूर, पालक्काड़

डॉ. रमीष एन.
सहायक आचार्य, हिन्दी विभागाध्यक्ष,
मलबार कॉलेज ऑफ़ एडवांस्ड स्टडीज़, वेंगरा, मलप्पुरम

डॉ. तेरेसा टिनसी टी.जी.
सहायक आचार्या, हिन्दी विभाग, महाराजा कॉलेज, एरणाकुलम

डॉ. आशा जी.
प्रोफ़ेसर, हिन्दी विभाग, यूनिवर्सिटी कॉलेज, तिरुवनन्तपुरम

डॉ. राखी बालगोपाल
असोसिएट प्रोफ़ेसर, राजकीय महिला महाविद्यालय, तिरुवनन्तपुरम

डॉ. विजयश्री के.वी.
असिस्टेंट प्रोफ़ेसर, हिन्दी विभाग, श्रीकृष्णपुरम वी.टी.बी. कॉलेज, मन्नामपट्टा, पालक्काड़

ई-हिन्दी

यु.जी. ऑनर्स प्रोग्राम, प्रथम सेमेस्टर, मैनर कोर्स,
कालिकट विश्वविद्यालय, केरल

सम्पादक

डॉ. सिन्धु एस.एल.

(अध्यक्षा, अध्ययन मण्डल, यू.जी.)
सह-आचार्या, सरकारी विक्टोरिया महाविद्यालय, पालक्काड़, केरल

डॉ. पी.के. प्रतिभा

प्रोफ़ेसर, एस.एन.जी.एस. महाविद्यालय, पट्टाम्बी

डॉ. मीरा पी.आई.

सहायक आचार्या, हिन्दी विभागाध्यक्षा
सामूतिरि गुरुवायूरप्पन कॉलेज, कोषिक्कोड़

वाणी प्रकाशन

प्रकाशन के उत्कृष्टतम 61 वर्ष

प्रथम संस्करण : 2024

vaniprakashan.com

वाणी प्रकाशन

4695, 21-ए, दरियागंज, नयी दिल्ली-110 002

फ़ोन : + 91 11 23273167, 23275710

शाखाएँ

अशोक राजपथ, पटना-800 004, बिहार

कॉफ़ी हाउस कैम्पस, महात्मा गांधी मार्ग, प्रयागराज-211 001, उत्तर प्रदेश

महात्मा गांधी अन्तरराष्ट्रीय हिन्दी विश्वविद्यालय, वर्धा-442 001, महाराष्ट्र

sales@vaniprakashan.in

vaniprakashan@gmail.com

E-Hindi

Edited by Dr. Sindhu S.L., Dr. P.K. Prathibha, Dr. Meera P.I.

ISBN : 978-93-6287-611-9

मूल्य : ₹ 100

आर. टेक ऑफ़सेट प्रिंटर्स, दिल्ली-110 032 में मुद्रित

वाणी प्रकाशन का लोगो मक़बूल फ़िदा हुसेन की कूची से

अनुक्रम

भूमिका

डिजिटल दुनिया के इस काल में जनसंचार की क्रान्ति हो रही है। वैश्वीकरण के कारण दुनिया एक 'जाल' में पड़ी है और प्रतिपल सूचना प्रौद्योगिकी के कारण दुनिया परिवर्तित हो रही है। सोशल मीडिया के विभिन्न प्लेटफॉर्म के विकास के कारण ज्ञान-विज्ञान, साहित्य, पत्रकारिता आदि अब पारम्परिक प्रथा से अलग लीक पर चल रहे हैं। ज्ञान और जानकारी प्रदत्त माध्यमों के रूपों में बहुत परिवर्तन आये हैं। इलेक्ट्रॉनिक दुनिया का प्रभाव सब क्षेत्रों पर पड़ा है। ई-लर्निंग, ई-गवर्नेंस, डिजिटल मार्केटिंग आदि से दुनिया आगे बढ़ रही है। डिजिटल क्षेत्र में हिन्दी भाषा का प्रयोग आज बहुत होता रहता है। ब्लॉग, ई-बुक्स, ई-पत्रिकाएँ आदि विभिन्न क्षेत्रों में हिन्दी अपनी मुद्रा छाप रही है। सोशल मीडिया के इस परिदृश्य को देखते हुए कालिकट विश्वविद्यालय के यु.जी. प्रोग्राम के मैनर कोर्स के निर्माण के समय प्रौद्योगिकी से सम्बन्धित इस विषय को चयनित करने का निश्चय किया गया। *ई-हिन्दी* इस निश्चय का फल है। आशा है कि आप सब लोग इससे लाभान्वित होंगे।

—डॉ. सिन्धु एस.एल.
अध्यक्षा
अध्ययन मंडल, यु.जी.
कालिकट विश्वविद्यालय
केरल

अध्याय - 1

डिजिटल दुनिया का परिचय

'डिजिटल दुनिया' वाक्यांश का प्रयोग कई सम्भावित अर्थों और विविधताओं के साथ एक सामूहिक संज्ञा के रूप में किया जाता है। डिजिटल दुनिया इन्टरनेट और अन्य प्रौद्योगिकियों पर संवाद करने के लिए डिजिटल उपकरणों की उपलब्धता और उपयोग है।

डिजिटल दुनिया क्या है?

डिजिटल दुनिया का मतलब है वह स्थान जहाँ हम इन्टरनेट और विभिन्न डिजिटल उपकरणों का उपयोग करके एक दूसरे से जुड़ते हैं, जानकारी साझा करते हैं और प्राप्त करते हैं। इसमें कम्प्यूटर, स्मार्टफोन, टैबलेट, और अन्य डिजिटल उपकरण शामिल हैं। डिजिटल दुनिया ने संचार, शिक्षा, व्यापार, और मनोरंजन के तरीके को पूरी तरह से बदल दिया है।

डिजिटल तकनीक ने हमारे जीवन को सरल और सुविधाजनक बना दिया है। आज हम अपने घर बैठे ही दुनिया भर की जानकारी प्राप्त कर सकते हैं, दोस्तों और परिवार से जुड़ सकते हैं, और अपने कार्यों को तेज़ी से पूरा कर सकते हैं। डिजिटल

दुनिया ने हमारे जीवन के हर क्षेत्र को प्रभावित किया है, चाहे वह शिक्षा हो, व्यापार हो, या व्यक्तिगत जीवन। 1980 के दशक के अंत में, दुनिया की तकनीकी रूप से संग्रहीत जानकारी का 1% से भी कम डिजिटल प्रारूप में था, जबकि 2007 में यह 94% था, जो 2014 तक 99% से अधिक हो गया।

इन्टरनेट की भूमिका

इन्टरनेट डिजिटल दुनिया की रीढ़ है। यह एक विशाल नेटवर्क है जो दुनिया भर के कम्प्यूटरों और अन्य उपकरणों को जोड़ता है। इन्टरनेट के माध्यम से हम ई-मेल भेज सकते हैं, सोशल मीडिया पर दोस्तों से जुड़ सकते हैं, ऑनलाइन शॉपिंग कर सकते हैं, और बहुत कुछ कर सकते हैं। इन्टरनेट ने सूचना तक पहुँच को आसान और तेज़ बना दिया है।

इन्टरनेट की मदद से हम बहुत सारी जानकारियाँ प्राप्त कर सकते हैं। चाहे हमें किसी विषय पर शोध करना हो, कोई नया कौशल सीखना हो, या फिर किसी नए स्थान के बारे में जानना हो, इन्टरनेट ने यह सब बहुत आसान बना दिया है। पहले जहाँ हमें किताबों और पुस्तकों पर निर्भर रहना पड़ता था, वहीं अब इन्टरनेट की मदद से हम तुरन्त और विस्तृत जानकारी प्राप्त कर सकते हैं।

सोशल मीडिया और संचार

सोशल मीडिया प्लेटफॉर्म जैसे फेसबुक, ट्विटर, इंस्टाग्राम और व्हाट्सएप ने हमारे संचार के तरीकों में क्रान्ति ला दी है। अब हम दुनिया के किसी भी कोने में बैठे व्यक्ति से तुरन्त जुड़ सकते हैं। सोशल मीडिया ने न केवल व्यक्तिगत संचार को बल्कि व्यापार और विपणन को भी नया रूप दिया है।

सोशल मीडिया की मदद से हम अपनी भावनाओं, विचारों और विचारों को व्यक्त कर सकते हैं। हम अपने मित्रों और परिवार के साथ फोटो और वीडियो साझा कर सकते हैं। सोशल मीडिया ने हमें अपने दोस्तों और परिवार के करीब ला दिया है, भले ही वे हमारे से कितनी भी दूर क्यों न हों।

शिक्षा में डिजिटल दुनिया का महत्त्व

डिजिटल युग में शिक्षा का स्वरूप भी बदल गया है। ऑनलाइन कोर्स, वेबिनार, और ई-लर्निंग प्लेटफॉर्म ने शिक्षा को सुलभ और लचीला बना दिया है। छात्र अब घर बैठे दुनिया के किसी भी कोने से ज्ञान प्राप्त कर सकते हैं। डिजिटल उपकरणों ने शिक्षकों और छात्रों दोनों के लिए शिक्षा को अधिक इंटरैक्टिव और रोचक बना दिया है।

ऑनलाइन शिक्षा की मदद से हम अपनी गति से सीख सकते हैं। हमें कक्षा में बैठने की आवश्यकता नहीं है, और हम अपने समय के अनुसार पढ़ सकते हैं। डिजिटल युग ने शिक्षा को हर व्यक्ति के लिए सुलभ बना दिया है, चाहे वह किसी भी उम्र का हो या किसी भी स्थान पर हो।

हिन्दी भाषा का डिजिटल दुनिया में स्थान

डिजिटल दुनिया में हिन्दी का महत्त्वपूर्ण स्थान है। हिन्दी वेबसाइट, ब्लॉग, और सोशल मीडिया अकाउंट्स की संख्या में तेज़ी से वृद्धि हो रही है। गूगल, फेसबुक, और ट्विटर जैसे बड़े प्लेटफॉर्म अब हिन्दी भाषा में भी उपलब्ध हैं, जिससे हिन्दी भाषी उपयोगकर्ताओं के लिए इन्टरनेट का उपयोग करना आसान हो गया है।

हिन्दी भाषा की डिजिटल सामग्री की वृद्धि से हिन्दी भाषी उपयोगकर्ताओं को अपनी भाषा में जानकारी प्राप्त करने का अवसर मिला है। अब हम अपनी मातृभाषा में ही नवीनतम समाचार, जानकारी और मनोरंजन प्राप्त कर सकते हैं। डिजिटल युग ने हिन्दी भाषा को एक नई पहचान दी है और इसे वैश्विक स्तर पर पहुँचाया है।

डिजिटल सामग्री का निर्माण और उपभोग

डिजिटल युग में सामग्री निर्माण और उपभोग में भी बड़ा परिवर्तन आया है। पहले जहाँ समाचार पत्र, किताबें और रेडियो प्रमुख माध्यम थे, वहीं अब ब्लॉग, पॉडकास्ट, और यूट्यूब चैनल ने उनकी जगह ले ली है। हिन्दी में भी कई गुणवत्ता पूर्ण ब्लॉग और यूट्यूब चैनल उपलब्ध हैं जो विभिन्न विषयों पर जानकारी प्रदान करते हैं।

डिजिटल सामग्री निर्माण ने हर व्यक्ति को अपनी राय व्यक्त करने का अवसर दिया है। अब हर कोई ब्लॉग लिख सकता है, वीडियो बना सकता है, और अपनी

बात पूरी दुनिया के सामने रख सकता है। इससे न केवल जानकारी का आदान-प्रदान बढ़ा है, बल्कि नए विचारों और दृष्टिकोणों का भी विकास हुआ है।

ई-कॉमर्स और हिन्दी

डिजिटल युग ने व्यापार के तरीकों को भी बदल दिया है। अब ऑनलाइन शॉपिंग बहुत सामान्य हो गई है। अमेजन, फ्लिपकार्ट, और स्नैपडील जैसे ई-कॉमर्स प्लेटफॉर्म ने हिन्दी में भी अपने उपयोगकर्ताओं के लिए सेवाएँ प्रदान की हैं। इससे हिन्दी भाषी ग्राहकों के लिए ऑनलाइन खरीदारी करना और भी आसान हो गया है।

ऑनलाइन शॉपिंग की सुविधा से हम घर बैठे ही अपने आवश्यक सामान खरीद सकते हैं। हमें बाजार जाने की आवश्यकता नहीं होती और समय की बचत भी होती है। ई-कॉमर्स ने व्यापार को सरल और सुलभ बना दिया है, और हिन्दी भाषा में सेवाएं प्रदान करने से यह और भी आसान हो गया है।

डिजिटल सुरक्षा

डिजिटल दुनिया के लाभों के साथ-साथ इसके कुछ खतरे भी हैं। साइबर सुरक्षा एक बड़ी चिन्ता है। अपने डेटा को सुरक्षित रखने के लिए हमें मजबूत पासवर्ड का उपयोग करना चाहिए, नियमित रूप से सॉफ्टवेयर अपडेट करना चाहिए, और किसी भी संदिग्ध लिंक या ई-मेल से सावधान रहना चाहिए। डिजिटल सुरक्षा के प्रति जागरूक रहना बहुत महत्त्वपूर्ण है।

डिजिटल सुरक्षा के लिए हमें अपने व्यक्तिगत जानकारी को सुरक्षित रखना चाहिए। हमें अपने बैंक खातों, सोशल मीडिया अकाउंट्स और अन्य महत्त्वपूर्ण जानकारी की सुरक्षा का ध्यान रखना चाहिए। साइबर अपराधियों से बचने के लिए हमें सतर्क रहना चाहिए और किसी भी संदिग्ध गतिविधि की तुरन्त रिपोर्ट करनी चाहिए।

डिजिटल युग ने हमारे जीवन के हर पहलू को छू लिया है। इससे हमारे संचार, शिक्षा, व्यापार और मनोरंजन के तरीके बदल गए हैं। हिन्दी भाषा भी इस डिजिटल दुनिया में तेज़ी से आगे बढ़ रही है और अपनी जगह बना रही है। हमें डिजिटल दुनिया के लाभों का पूरा फायदा उठाना चाहिए, लेकिन साथ ही साथ इसके खतरों से भी सावधान रहना चाहिए।

अध्याय - 2

डिजिटल दुनिया और जन संचार का महत्त्व

तकनीकी प्रगति और इन्टरनेट के व्यापक उपयोग ने न केवल हमारे काम करने के तरीके को बदला है, बल्कि जन संचार के माध्यमों को भी क्रान्तिकारी ढंग से परिवर्तित किया है।

डिजिटल दुनिया का महत्त्व अनेक कारणों से है। यह न केवल हमें जानकारी प्राप्त करने की सुविधा प्रदान करती है, बल्कि हमारे दैनिक जीवन को भी सरल और सुव्यवस्थित बनाती है।

1. **सूचना का त्वरित आदान-प्रदान :** डिजिटल दुनिया के माध्यम से हम किसी भी जानकारी को तुरन्त प्राप्त कर सकते हैं। इन्टरनेट की सहायता से हम विश्वभर की जानकारी कुछ ही क्षणों में पा सकते हैं।
2. **शिक्षा और सीखने के नए साधन :** ऑनलाइन लर्निंग प्लेटफॉर्म और ई-बुक्स के माध्यम से शिक्षा अधिक सुलभ हो गई है। छात्र किसी भी विषय पर जानकारी प्राप्त कर सकते हैं और ऑनलाइन कोर्स कर सकते हैं।
3. **व्यवसाय और अर्थव्यवस्था :** डिजिटल मार्केटिंग, ई-कॉमर्स, और ऑनलाइन बैंकिंग ने व्यापार की दुनिया को बदल दिया है। व्यवसाय अब

अधिक व्यापक दर्शकों तक पहुँच सकते हैं और ऑनलाइन ट्रांजैक्शन कर सकते हैं।

4. **सामाजिक सम्पर्क :** सोशल मीडिया प्लेटफार्मों ने हमें अपने दोस्तों और परिवार से जुड़े रहने का अवसर दिया है, चाहे वे कहीं भी हों। इसके अलावा, ये प्लेटफार्म नए मित्र बनाने और विचार साझा करने का माध्यम भी हैं।
5. **मनोरंजन :** डिजिटल दुनिया ने मनोरंजन के तरीके भी बदल दिए हैं। अब हम ऑनलाइन वीडियो स्ट्रीमिंग, गेमिंग, और म्यूजिक सुनने का आनन्द ले सकते हैं।

जन संचार का महत्त्व

जन संचार का तात्पर्य है बड़े पैमाने पर लोगों तक संदेश पहुँचाना। इसमें समाचार पत्र, टेलीविजन, रेडियो, और अब इन्टरनेट शामिल हैं। जन संचार का महत्त्व इस प्रकार है :

1. **जानकारी का प्रसार :** जन संचार के माध्यम से जानकारी को व्यापक रूप से फैलाया जा सकता है। समाचार चैनल और ऑनलाइन पोर्टल हमें ताजातरीन समाचार और घटनाओं की जानकारी देते हैं।
2. **शिक्षा और जागरूकता :** जन संचार के माध्यम से समाज में शिक्षा और जागरूकता फैलाना आसान हो गया है। सामाजिक मुद्दों, स्वास्थ्य सम्बन्धी जानकारी, और सरकार की योजनाओं के बारे में लोगों को जागरूक किया जा सकता है।
3. **मनोरंजन और संस्कृति का प्रचार :** जन संचार माध्यम मनोरंजन के स्रोत होते हैं और सांस्कृतिक कार्यक्रमों, फिल्मों, और संगीत के प्रचार में महत्त्वपूर्ण भूमिका निभाते हैं।
4. **सामाजिक बदलाव :** जन संचार सामाजिक बदलाव लाने में भी मददगार साबित होता है। यह लोगों को नई सोच और विचारधारा के प्रति जागरूक करता है।

डिजिटल दुनिया में जन संचार

डिजिटल युग ने जन संचार के तरीकों को भी व्यापक रूप से प्रभावित किया है। अब जन संचार के अधिकांश माध्यम ऑनलाइन उपलब्ध हैं और वे अधिक प्रभावी हो गए हैं।

1. **सोशल मीडिया :** सोशल मीडिया प्लेटफार्म जैसे फेसबुक, ट्विटर, इंस्टाग्राम, और व्हाट्सएप ने जन संचार को एक नया आयाम दिया

है। ये प्लेटफार्म न केवल व्यक्तिगत संचार के लिए बल्कि सामाजिक जागरूकता और सूचना के प्रसार के लिए भी उपयोगी हैं।

2. **ब्लॉग और पोडकास्ट :** ब्लॉग और पोडकास्ट जन संचार के नए साधन हैं। इनके माध्यम से व्यक्ति अपने विचार, अनुभव और जानकारी को व्यापक दर्शकों तक पहुँचा सकते हैं।
3. **वीडियो कंटेंट :** यूट्यूब और अन्य वीडियो स्ट्रीमिंग प्लेटफार्म ने वीडियो कंटेंट को बहुत लोकप्रिय बना दिया है। लोग वीडियो के माध्यम से जानकारी प्राप्त कर सकते हैं और मनोरंजन का आनन्द ले सकते हैं।
4. **ई-न्यूज़ और ऑनलाइन पत्रिकाएँ :** पारम्परिक समाचार पत्र और पत्रिकाएँ अब ऑनलाइन उपलब्ध हैं। लोग इन्टरनेट के माध्यम से ताजातरीन समाचार और लेख पढ़ सकते हैं।

डिजिटल दुनिया और जन संचार की चुनौतियाँ

डिजिटल दुनिया और जन संचार के साथ कुछ चुनौतियाँ भी हैं जिनसे निपटना जरूरी है :

1. **सूचना की सत्यता :** डिजिटल प्लेटफार्म पर फेक न्यूज़ और गलत जानकारी का प्रसार एक बड़ी चुनौती है। यह जरूरी है कि हम सही और विश्वसनीय स्रोतों से जानकारी प्राप्त करें।
2. **प्राइवेसी और सुरक्षा :** डिजिटल दुनिया में हमारी प्राइवेसी और व्यक्तिगत जानकारी की सुरक्षा एक महत्त्वपूर्ण मुद्दा है। हमें अपने डेटा को सुरक्षित रखने के लिए उचित कदम उठाने चाहिए।
3. **डिजिटल डिवाइड :** सभी लोगों को डिजिटल सुविधाओं की समान पहुँच नहीं है। इस डिजिटल डिवाइड को पाटना आवश्यक है ताकि हर व्यक्ति को डिजिटल दुनिया का लाभ मिल सके।
4. **मानसिक स्वास्थ्य :** अत्यधिक सोशल मीडिया और डिजिटल मीडिया का उपयोग मानसिक स्वास्थ्य पर नकारात्मक प्रभाव डाल सकता है। संतुलित उपयोग और डिजिटल डिटॉक्स की आवश्यकता है।

डिजिटल दुनिया और जन संचार का भविष्य

डिजिटल दुनिया और जन संचार का भविष्य उज्ज्वल है। नई तकनीकों और नवाचारों के साथ, यह और भी प्रभावी और व्यापक हो जाएगा।

अध्याय - 3

वैश्वीकरण और इलेक्ट्रॉनिक संचार

वैश्वीकरण ने दुनिया को एक छोटे गाँव में बदल दिया है और इलेक्ट्रॉनिक संचार ने इस प्रक्रिया को और भी तेज़ और सुलभ बना दिया है।

वैश्वीकरण का अर्थ

वैश्वीकरण का अर्थ है दुनिया के विभिन्न देशों के बीच व्यापार, विचारों, संस्कृतियों, और तकनीकों का आदान-प्रदान। इसका मुख्य उद्देश्य है दुनिया के विभिन्न हिस्सों को आपस में जोड़ना और एक दूसरे के विकास में योगदान देना। वैश्वीकरण ने हमारे जीवन के हर पहलू को प्रभावित किया है, चाहे वह व्यापार हो, शिक्षा हो, संस्कृति हो या फिर तकनीक।

इलेक्ट्रॉनिक संचार का अर्थ

इलेक्ट्रॉनिक संचार का मतलब है सूचना और विचारों का आदान-प्रदान इलेक्ट्रॉनिक माध्यमों जैसे इन्टरनेट, मोबाइल फोन, ई-मेल, और सोशल मीडिया के जरिए। इलेक्ट्रॉनिक संचार ने हमारे संवाद के तरीकों को पूरी तरह से बदल दिया है। अब

हम दुनिया के किसी भी कोने में बैठे व्यक्ति से तुरन्त सम्पर्क कर सकते हैं और जानकारी साझा कर सकते हैं।

वैश्वीकरण और इलेक्ट्रॉनिक संचार का सम्बन्ध

वैश्वीकरण और इलेक्ट्रॉनिक संचार का आपस में गहरा सम्बन्ध है। इलेक्ट्रॉनिक संचार ने वैश्वीकरण को और भी तेज़ और सुलभ बना दिया है। इन्टरनेट और डिजिटल तकनीकों ने दुनिया के विभिन्न हिस्सों को आपस में जोड़ दिया है और सूचनाओं के आदान-प्रदान को तेज़ और सटीक बना दिया है।

वैश्वीकरण के लाभ

वैश्वीकरण के कई लाभ हैं, जिनमें प्रमुख हैं:

1. **व्यापार और आर्थिक विकास :** वैश्वीकरण ने देशों के बीच व्यापार को बढ़ावा दिया है। इससे देशों की अर्थव्यवस्था में वृद्धि हुई है और रोजगार के नए अवसर पैदा हुए हैं।
2. **तकनीकी प्रगति :** वैश्वीकरण ने देशों को नवीनतम तकनीकों को अपनाने और उनके विकास में सहयोग करने का अवसर दिया है। इससे तकनीकी प्रगति को गति मिली है।
3. **संस्कृतियों का आदान-प्रदान :** वैश्वीकरण ने विभिन्न संस्कृतियों को एक-दूसरे के करीब लाया है। इससे हमें नई संस्कृतियों को जानने और समझने का अवसर मिला है।
4. **शिक्षा और ज्ञान का प्रसार :** वैश्वीकरण ने शिक्षा और ज्ञान के प्रसार को बढ़ावा दिया है। अब हम दुनिया के किसी भी कोने से उच्च गुणवत्ता वाली शिक्षा प्राप्त कर सकते हैं।

इलेक्ट्रॉनिक संचार के लाभ

इलेक्ट्रॉनिक संचार के कई लाभ हैं, जिनमें प्रमुख हैं:

1. **तेज़ और सुलभ संवाद :** इलेक्ट्रॉनिक संचार ने संवाद के तरीकों को तेज़ और सुलभ बना दिया है। अब हम किसी भी समय और किसी भी स्थान से तुरन्त सम्पर्क कर सकते हैं।
2. **सूचना का आदान-प्रदान :** इलेक्ट्रॉनिक संचार ने सूचना के आदान-प्रदान को सरल और तेज़ बना दिया है। अब हम इन्टरनेट के माध्यम से किसी भी जानकारी को तुरन्त प्राप्त कर सकते हैं।

3. **सामाजिक नेटवर्किंग :** सोशल मीडिया प्लेटफॉर्म ने हमें दोस्तों और परिवार के साथ जुड़े रहने का नया तरीका दिया है। इससे हम अपने विचार और अनुभव साझा कर सकते हैं।
4. **ऑनलाइन शिक्षा और प्रशिक्षण :** इलेक्ट्रॉनिक संचार ने ऑनलाइन शिक्षा और प्रशिक्षण को संभव बना दिया है। अब हम इन्टरनेट के माध्यम से उच्च गुणवत्ता वाली शिक्षा और प्रशिक्षण प्राप्त कर सकते हैं।

वैश्वीकरण और इलेक्ट्रॉनिक संचार के उदाहरण

1. **व्यापार और ई-कॉमर्स :** वैश्वीकरण और इलेक्ट्रॉनिक संचार ने ई-कॉमर्स को बढ़ावा दिया है। अब हम किसी भी देश से ऑनलाइन शॉपिंग कर सकते हैं और अपने घर बैठे ही आवश्यक वस्तु और सेवाएं प्राप्त कर सकते हैं। जैसे कि अमेजॉन, फ्लिपकार्ट आदि।
2. **शिक्षा और ऑनलाइन कोर्स :** वैश्वीकरण और इलेक्ट्रॉनिक संचार ने शिक्षा के क्षेत्र में भी बड़ा बदलाव लाया है। अब हम ऑनलाइन कोर्स और वेबिनार के माध्यम से दुनिया के किसी भी कोने से ज्ञान प्राप्त कर सकते हैं। जैसे कि कोर्सेरा, उडेमी आदि।
3. **सोशल मीडिया और संवाद :** सोशल मीडिया प्लेटफॉर्म जैसे फेसबुक, ट्विटर, इंस्टाग्राम ने वैश्वीकरण और इलेक्ट्रॉनिक संचार को और भी सशक्त बना दिया है। अब हम अपने विचार, अनुभव, और ज़ानकारियाँ तुरन्त साझा कर सकते हैं।
4. **डिजिटल भुगतान और बैंकिंग :** वैश्वीकरण और इलेक्ट्रॉनिक संचार ने डिजिटल भुगतान और बैंकिंग को सरल और सुरक्षित बना दिया है। अब हम इन्टरनेट बैंकिंग और डिजिटल वॉलेट के माध्यम से धन लेन-देन कर सकते हैं। जैसे कि पेटीएम, गूगल पे आदि।

वैश्वीकरण और इलेक्ट्रॉनिक संचार की चुनौतियाँ

वैश्वीकरण और इलेक्ट्रॉनिक संचार के कई लाभों के बावजूद, इसके सामने कुछ चुनौतियां भी हैं :

1. **साइबर सुरक्षा :** इलेक्ट्रॉनिक संचार के माध्यम से साइबर हमलों और डेटा चोरी का खतरा बढ़ गया है। इसके लिए हमें मजबूत साइबर सुरक्षा उपायों की आवश्यकता है।

2. **डिजिटल डिवाइड :** सभी क्षेत्रों में समान तकनीकी अवसंरचना का विकास नहीं हो पाया है। ग्रामीण और दूरदराज के क्षेत्रों में इन्टरनेट और तकनीकी सेवाओं की उपलब्धता सुनिश्चित करना एक बड़ी चुनौती है।
3. **भाषाई और सांस्कृतिक बाधाएँ :** वैश्वीकरण के साथ विभिन्न भाषाओं और संस्कृतियों के बीच संवाद की चुनौतियाँ भी आती हैं। इसके लिए हमें विभिन्न भाषाओं और संस्कृतियों का सम्मान और समझ बढ़ाना होगा।
4. **निजता और डेटा सुरक्षा :** वैश्वीकरण और इलेक्ट्रॉनिक संचार के साथ निजता और डेटा सुरक्षा की चिन्ताएँ भी बढ़ी हैं। हमें अपनी व्यक्तिगत जानकारी की सुरक्षा के प्रति सतर्क रहना होगा।

वैश्वीकरण और इलेक्ट्रॉनिक संचार का भविष्य

वैश्वीकरण और इलेक्ट्रॉनिक संचार का भविष्य बहुत उज्ज्वल है। नई तकनीकों के विकास के साथ, ये प्रक्रियाएँ और भी सशक्त और प्रभावी होंगी। आर्टिफिशियल इंटेलिजेंस (AI), ब्लॉकचेन, और इन्टरनेट ऑफ थिंग्स (IOT) जैसी तकनीकों का उपयोग वैश्वीकरण और इलेक्ट्रॉनिक संचार को और भी उन्नत बनाएगा।

अध्याय - 4

सूचना प्रौद्योगिकी और हिन्दी भाषा

सूचना प्रौद्योगिकी (आईटी) ने हमारी दुनिया को एक नई दिशा दी है। इसने हमारे जीवन के हर पहलू को प्रभावित किया है, चाहे वह शिक्षा हो, व्यवसाय हो या सामाजिक सम्पर्क। इस परिवर्तन के साथ, हिन्दी भाषा का उपयोग भी बढ़ा है और इसका महत्त्व भी बढ़ा है।

अ a	आ aa	इ i
ई ee	उ u	ऊ oo
ए e	ऐ ai	ओ o
औ au	ऋ ri	

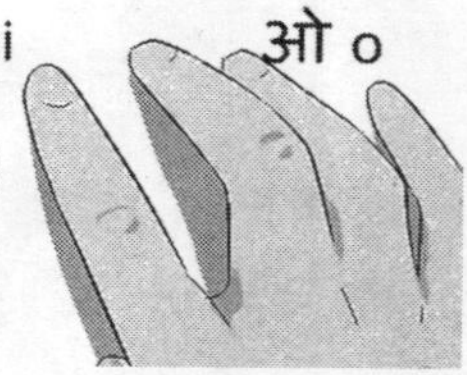

सूचना प्रौद्योगिकी का महत्त्व

सूचना प्रौद्योगिकी का मुख्य उद्देश्य है जानकारी को आसानी से और तेज़ी से आदान-प्रदान करना। इसमें कम्प्यूटर, इन्टरनेट, मोबाइल उपकरण, सॉफ्टवेयर और अन्य तकनीकी उपकरण शामिल हैं। आईटी ने हमारे जीवन को सरल और सुविधाजनक बना दिया है।

1. **सूचना का आदान-प्रदान :** इन्टरनेट और मोबाइल टेक्नोलॉजी के माध्यम से हम विश्व भर की जानकारी को कुछ ही क्षणों में प्राप्त कर सकते हैं।
2. **संचार :** सोशल मीडिया, ई-मेल और मैसेजिंग ऐप्स के माध्यम से हम

दूर-दराज के लोगों से भी आसानी से सम्पर्क कर सकते हैं।

3. **व्यापार और उद्योग :** आईटी ने व्यापार के नए अवसर खोले हैं और उद्योगों को आधुनिक और प्रतिस्पर्धात्मक बनाया है।
4. **शिक्षा :** ऑनलाइन लर्निंग प्लेटफ़ॉर्म और ई-लाइब्रेरीज़ ने शिक्षा को व्यापक और सुलभ बना दिया है।

हिन्दी भाषा और आईटी

हिन्दी भाषा का उपयोग आईटी में तेज़ी से बढ़ रहा है। यह न केवल भारतीय उपयोगकर्ताओं के लिए महत्त्वपूर्ण है, बल्कि यह दुनिया भर में हिन्दी बोलने वालों के लिए भी लाभकारी है।

1. **वेब कंटेंट :** हिन्दी में वेब कंटेंट की उपलब्धता बढ़ रही है। विभिन्न वेबसाइट्स और ब्लॉग्स हिन्दी में सामग्री प्रस्तुत कर रहे हैं।
2. **सोशल मीडिया :** फेसबुक, ट्विटर, इंस्टाग्राम और व्हाट्सएप जैसी सोशल मीडिया प्लेटफ़ॉर्म पर हिन्दी का व्यापक उपयोग हो रहा है। लोग अपनी मातृभाषा में संवाद कर रहे हैं।
3. **मोबाइल एप्लिकेशन :** अनेक मोबाइल एप्लिकेशन हिन्दी में उपलब्ध हैं, जो उपयोगकर्ताओं को उनके दैनिक जीवन में मदद करते हैं। चाहे वह समाचार हो, शिक्षा हो या मनोरंजन, सभी क्षेत्र में हिन्दी एप्लिकेशन का उपयोग हो रहा है।
4. **ऑफिस सॉफ्टवेयर :** माइक्रोसॉफ़्ट ऑफिस, गूगल डॉक्स और अन्य ऑफिस सॉफ्टवेयर हिन्दी में काम करने की सुविधा प्रदान कर रहे हैं। इससे पेशेवर कार्यों में भी हिन्दी का उपयोग बढ़ा है।

हिन्दी और आईटी में शिक्षा

शिक्षा के क्षेत्र में आईटी और हिन्दी का मेल एक महत्त्वपूर्ण भूमिका निभा रहा है।

1. **ऑनलाइन कोर्स :** अनेक प्लेटफ़ॉर्म हिन्दी में कोर्स प्रदान कर रहे हैं। इससे छात्रों को अपनी भाषा में पढ़ने और समझने में आसानी होती है।
2. **शैक्षिक सामग्री :** ई-बुक्स, वीडियो लेक्चर्स और अन्य शैक्षिक सामग्री हिन्दी में उपलब्ध हो रही है। यह न केवल छात्रों को लाभ पहुँचाती है बल्कि शिक्षकों को भी अपने पाठ्यक्रम को हिन्दी में प्रस्तुत करने में मदद करती है।

3. **डिजिटल क्लासरूम :** डिजिटल क्लासरूम और ई-लर्निंग प्लेटफ़ॉर्म पर हिन्दी भाषा में शिक्षा प्रदान की जा रही है। इससे शिक्षा का स्तर और उसकी पहुँच दोनों में वृद्धि हुई है।

हिन्दी और ई-गवर्नेंस

ई-गवर्नेंस में भी हिन्दी का महत्त्वपूर्ण योगदान है।

1. **सरकारी वेबसाइट्स :** अधिकांश सरकारी वेबसाइट्स अब हिन्दी में उपलब्ध हैं। इससे आम जनता को सरकारी सेवाओं और सूचनाओं तक आसानी से पहुँच मिलती है।
2. **डिजिटल सेवाएँ :** आधार, पैन कार्ड, और अन्य सरकारी दस्तावेज़ों के लिए ऑनलाइन आवेदन प्रक्रिया हिन्दी में भी उपलब्ध है। इससे नागरिकों को उनकी भाषा में सेवाएँ प्राप्त करने में सुविधा होती है।
3. **सूचना का प्रसार :** सरकारी नीतियों और योजनाओं की जानकारी हिन्दी में प्रसारित की जाती है, जिससे देश के ग्रामीण और शहरी क्षेत्रों में लोग अपनी भाषा में सूचनाओं को समझ सकें।

हिन्दी में कंटेंट क्रिएशन

आईटी के विकास ने हिन्दी में कंटेंट क्रिएशन को भी बढ़ावा दिया है।

1. **ब्लॉगिंग :** अनेक ब्लॉगर्स हिन्दी में लिख रहे हैं और अपनी सामग्री को व्यापक दर्शकों तक पहुँचा रहे हैं। यह न केवल सूचना का स्रोत है बल्कि हिन्दी भाषा के साहित्य और संस्कृति को भी बढ़ावा देता है।
2. **यूट्यूब और वीडियोज :** यूट्यूब पर हिन्दी में वीडियो सामग्री का निर्माण और उपभोग तेज़ी से बढ़ा है। विभिन्न चैनल्स पर शिक्षा, मनोरंजन, तकनीकी जानकारी, और अन्य विषयों पर हिन्दी में वीडियो उपलब्ध हैं।
3. **पॉडकास्टिंग :** पॉडकास्टिंग भी एक लोकप्रिय माध्यम बन गया है, जहाँ लोग हिन्दी में विभिन्न विषयों पर चर्चा और जानकारी साझा करते हैं।

हिन्दी भाषा के लिए चुनौतियाँ

हिन्दी भाषा के उपयोग में आईटी के क्षेत्र में कुछ चुनौतियाँ भी हैं:

1. **तकनीकी शब्दावली :** हिन्दी में तकनीकी शब्दावली का विकास धीमा है। कई बार अंग्रेज़ी शब्दों का हिन्दी में सटीक अनुवाद नहीं मिल पाता।
2. **कंटेंट की गुणवत्ता :** हिन्दी में उपलब्ध ऑनलाइन सामग्री की गुणवत्ता

में सुधार की आवश्यकता है। कई बार गलत जानकारी या अपर्याप्त सामग्री के कारण उपयोगकर्ताओं को कठिनाई होती है।

3. **प्रवेश बाधाएँ :** ग्रामीण और अर्ध-शहरी क्षेत्रों में इन्टरनेट की पहुँच और डिजिटल साक्षरता की कमी भी एक चुनौती है।

भविष्य की संभावनाएँ

भविष्य में हिन्दी और आईटी का मेल और भी सशक्त और व्यापक होगा।

1. **स्वचालित अनुवाद :** गूगल ट्रांसलेट और अन्य अनुवाद उपकरण हिन्दी में बेहतर अनुवाद प्रदान करेंगे, जिससे अंतर्राष्ट्रीय जानकारी तक पहुँच आसान होगी।
2. **वॉयस रिकग्निशन :** वॉयस रिकग्निशन तकनीक हिन्दी में और अधिक उन्नत होगी, जिससे आवाज़ के माध्यम से टाइपिंग और सर्च करना आसान होगा।
3. **कंटेंट क्रिएशन :** हिन्दी में कंटेंट क्रिएशन के लिए नए प्लेटफ़ॉर्म और उपकरण विकसित होंगे, जिससे उपयोगकर्ताओं को और भी बेहतर सामग्री प्राप्त होगी।

अध्याय - 5

वैश्वीकरण और जन संचार

वैश्वीकरण ने हमारी दुनिया को बदल कर रख दिया है। यह एक ऐसी प्रक्रिया है जिसके माध्यम से देश, समाज, और अर्थव्यवस्थाएं आपस में जुड़ते जा रहे हैं। इसने हमारी संचार की पद्धतियों को भी प्रभावित किया है। जन संचार अब पहले से कहीं अधिक व्यापक और प्रभावशाली हो गया है।

वैश्वीकरण का अर्थ

वैश्वीकरण का तात्पर्य है विश्व भर में आर्थिक, सांस्कृतिक, और राजनीतिक सम्बन्धों का बढ़ना। इसके माध्यम से देशों के बीच व्यापार, निवेश, सूचना, और संस्कृति का आदान-प्रदान बढ़ता है। वैश्वीकरण के कारण दुनिया एक वैश्विक गांव (ग्लोबल विलेज) बन गई है, जहाँ किसी भी कोने की जानकारी या संस्कृति दूसरे कोने में आसानी से पहुँच सकती है।

जन संचार का महत्त्व

जन संचार का अर्थ है बड़े पैमाने पर लोगों तक जानकारी और संदेश पहुँचाना।

इसमें समाचार पत्र, टेलीविजन, रेडियो, और इन्टरनेट शामिल हैं। जन संचार के माध्यम से लोग ताजातरीन समाचार, घटनाओं, और विचारों से अवगत होते हैं।

यह समाज में जागरूकता बढ़ाने और लोगों को एकजुट करने में महत्त्वपूर्ण भूमिका निभाता है।

वैश्वीकरण और जन संचार का सम्बन्ध

वैश्वीकरण और जन संचार का सम्बन्ध बहुत घनिष्ठ है। वैश्वीकरण ने जन संचार के साधनों को और अधिक प्रभावी और व्यापक बना दिया है। आइए कुछ प्रमुख बिंदुओं पर नज़र डालें:

1. **सूचना का आदान-प्रदान :** वैश्वीकरण के कारण सूचनाओं का आदान-प्रदान तेज़ी से बढ़ा है। इन्टरनेट और सैटेलाइट टेक्नोलॉजी ने हमें दुनिया भर की जानकारी कुछ ही क्षणों में उपलब्ध कराई है।
2. **संस्कृति का प्रसार :** जन संचार माध्यमों के माध्यम से विभिन्न देशों की संस्कृति, रीति-रिवाज, और परंपराएं एक- दूसरे तक पहुँच रही हैं। इससे सांस्कृतिक आदान-प्रदान बढ़ा है और लोग अन्य संस्कृतियों के बारे में अधिक जानने लगे हैं।
3. **व्यापार और अर्थव्यवस्था :** वैश्वीकरण ने अंतर्राष्ट्रीय व्यापार को बढ़ावा दिया है। जन संचार माध्यमों के माध्यम से कंपनियां अपने उत्पाद और सेवाओं का प्रचार-प्रसार कर सकती हैं और वैश्विक बाजार में अपनी उपस्थिति दर्ज करा सकती हैं।
4. **राजनीतिक जागरूकता :** जन संचार के माध्यम से लोग अंतर्राष्ट्रीय राजनीतिक घटनाओं और नीतियों के बारे में जागरूक हो रहे हैं। इससे वैश्विक राजनीति में जनता की भागीदारी बढ़ी है।

जन संचार के माध्यम

वैश्वीकरण ने जन संचार के विभिन्न माध्यमों को प्रभावित किया है और उन्हें और अधिक प्रभावी बनाया है। आइए इन माध्यमों पर एक नज़र डालें:

1. **इन्टरनेट :** इन्टरनेट ने जन संचार में क्रान्ति ला दी है। इसके माध्यम से लोग दुनिया भर की जानकारी प्राप्त कर सकते हैं और विभिन्न प्लेटफार्मों पर अपनी बात साझा कर सकते हैं। सोशल मीडिया, ब्लॉगिंग, और वेबसाइट्स के माध्यम से लोग अपनी राय व्यक्त कर सकते हैं

2. **टेलीविजन :** टेलीविजन भी जन संचार का एक महत्त्वपूर्ण माध्यम है। इसके माध्यम से लोग ताजातरीन समाचार, मनोरंजन, और शैक्षिक कार्यक्रम देख सकते हैं। सैटेलाइट टीवी के माध्यम से दुनिया के किसी भी कोने की जानकारी प्राप्त की जा सकती है।
3. **रेडियो :** रेडियो अब भी जन संचार का एक प्रभावी माध्यम है, विशेषकर उन क्षेत्रों में जहाँ इन्टरनेट और टेलीविजन की पहुँच नहीं है। रेडियो के माध्यम से लोग समाचार, संगीत, और शैक्षिक कार्यक्रम सुन सकते हैं।
4. **समाचार पत्र :** समाचार पत्र जन संचार का पारम्परिक माध्यम है। यह लोगों को ताजातरीन समाचार, विचार, और विश्लेषण प्रदान करता है।

वैश्वीकरण और जन संचार की चुनौतियाँ

वैश्वीकरण और जन संचार के साथ कुछ चुनौतियाँ भी आती हैं:

1. **सूचना की सत्यता :** वैश्वीकरण के कारण सूचनाओं का प्रवाह बहुत तेज़ हो गया है। इस वजह से गलत और भ्रामक जानकारी का प्रसार भी बढ़ा है। जन संचार के माध्यमों को सूचनाओं की सत्यता सुनिश्चित करनी चाहिए।
2. **संस्कृति का क्षरण :** वैश्वीकरण के कारण कुछ स्थानीय संस्कृतियाँ और परंपराएँ विलुप्त हो रही हैं। जन संचार माध्यमों को इन्हें संरक्षित करने में भूमिका निभानी चाहिए।
3. **डिजिटल डिवाइड :** सभी लोगों के पास डिजिटल सुविधाओं की समान पहुँच नहीं है। इससे वैश्वीकरण और जन संचार के फायदों का पूरा लाभ नहीं मिल पाता। डिजिटल डिवाइड को पाटने के प्रयास किए जाने चाहिए।
4. **प्राइवेसी और सुरक्षा :** जन संचार माध्यमों के माध्यम से व्यक्तिगत जानकारी की गोपनीयता और सुरक्षा एक महत्त्वपूर्ण मुद्दा है। इसे सुनिश्चित करने के लिए उचित कदम उठाए जाने चाहिए।

वैश्वीकरण और जन संचार का भविष्य

भविष्य में वैश्वीकरण और जन संचार के सम्बन्ध और भी मजबूत होंगे। नई तकनीकों और नवाचारों के साथ, ये और भी प्रभावी और व्यापक बनेंगे :

1. **आर्टिफिशियल इंटेलिजेंस (AI) :** AI के माध्यम से जन संचार के माध्यम और भी स्मार्ट और उत्तरदायी बनेंगे। यह उपयोगकर्ता के पसंद और व्यवहार को समझकर उन्हें बेहतर अनुभव प्रदान करेगा।
2. **वर्चुअल रियलिटी (VR) और ऑगमेंटेड रियलिटी (AR)** : VR और AR तकनीकें जन संचार के नए साधन बन सकती हैं। ये तकनीकें उपयोगकर्ताओं को इमर्सिव अनुभव प्रदान करेंगी।
3. **ब्लॉकचेन तकनीक :** ब्लॉकचेन तकनीक के माध्यम से सूचना की सुरक्षा और सत्यता को सुनिश्चित किया जा सकेगा। इससे फेक न्यूज़ और गलत जानकारी का प्रसार रोका जा सकेगा।
4. **इन्टरनेट ऑफ थिंग्स (IoT)** : IoT के माध्यम से जन संचार के नए साधन विकसित हो सकते हैं। इससे हम और भी अधिक कनेक्टेड और स्मार्ट हो सकेंगे।

अध्याय - 6

जन संचार के प्रकार-पारम्परिक और आधुनिक

जन संचार का तात्पर्य है बड़ी संख्या में लोगों तक जानकारी, समाचार, और मनोरंजन सामग्री पहुँचाना। जन संचार के विभिन्न माध्यमों ने समय के साथ विकास किया है। पारम्परिक माध्यमों से लेकर आधुनिक डिजिटल प्लेटफार्म तक, जन संचार के साधन लगातार बदलते रहे हैं।

पारम्परिक जन संचार माध्यम

पारम्परिक जन संचार माध्यम वे माध्यम हैं जो लंबे समय से उपयोग में हैं और जिनकी पहुँच व्यापक है। ये माध्यम आज भी महत्त्वपूर्ण भूमिका निभाते हैं।

1. समाचार पत्र (अखबार) :

- समाचार पत्र सबसे पुराने और विश्वसनीय जन संचार माध्यमों में से एक हैं।
- यह लोगों को ताजातरीन समाचार, विश्लेषण, और विचार प्रदान करते हैं।

- स्थानीय, राष्ट्रीय और अंतर्राष्ट्रीय समाचार को व्यापक दर्शकों तक पहुँचाने में समाचार पत्र महत्त्वपूर्ण भूमिका निभाते हैं।

2. रेडियो :

- रेडियो का आविष्कार 19वीं सदी के अंत में हुआ और यह जन
- संचार का महत्त्वपूर्ण माध्यम बना।
- रेडियो के माध्यम से लोग समाचार, संगीत, और विभिन्न कार्यक्रम सुन सकते हैं।
- आज भी ग्रामीण क्षेत्रों में रेडियो एक महत्त्वपूर्ण सूचना स्त्रोत है।

3. टेलीविजन :

- टेलीविजन ने 20वीं सदी के मध्य में जन संचार के क्षेत्र में क्रान्ति ला दी।
- इसके माध्यम से लोग न केवल समाचार देख सकते हैं बल्कि मनोरंजन और शैक्षिक कार्यक्रमों का भी आनन्द ले सकते हैं।
- टेलीविजन का व्यापक पहुँच और दृश्यात्मक प्रभाव इसे जन संचार का प्रमुख माध्यम बनाता है।

4. पत्रिकाएँ :

- पत्रिकाएँ विशेष विषयों पर गहराई से जानकारी प्रदान करती हैं।
- यह साप्ताहिक, मासिक या द्वि- मासिक आधार पर प्रकाशित होती हैं और विभिन्न क्षेत्रों जैसे फैशन, स्वास्थ्य, राजनीति, और खेल पर केन्द्रित होती हैं।

आधुनिक जन संचार माध्यम

आधुनिक जन संचार माध्यम डिजिटल तकनीक और इन्टरनेट के विकास के साथ उभरे हैं। ये माध्यम तेज़ी से लोकप्रिय हो रहे हैं और पारम्परिक माध्यमों के साथ-साथ उपयोग किए जा रहे हैं।

1. इन्टरनेट :

- इन्टरनेट ने जन संचार को एक नई दिशा दी है। इसके माध्यम से लोग विश्वभर की जानकारी कुछ ही क्षणों में प्राप्त कर सकते हैं।
- ब्लॉग, वेबसाइट्स, और ऑनलाइन पोर्टल्स के माध्यम से लोग अपनी राय व्यक्त कर सकते हैं और जानकारी साझा कर सकते हैं।

2. सोशल मीडिया :

- सोशल मीडिया प्लेटफार्म जैसे फेसबुक, ट्विटर, इंस्टाग्राम, और व्हाट्सएप ने जन संचार को और भी व्यापक और व्यक्तिगत बना दिया है।
- लोग अपनी बातें, विचार, और अनुभव तुरन्त साझा कर सकते हैं और दूसरे लोगों के साथ सम्पर्क बना सकते हैं।

3. ब्लॉग और व्लोग :

- ब्लॉगिंग और व्लॉगिंग आधुनिक जन संचार के लोकप्रिय साधन बन गए हैं।
- लोग अपने अनुभव, विचार और जानकारी को लिखित या वीडियो के माध्यम से साझा कर सकते हैं। यूट्यूब और वर्डप्रेस जैसे प्लेटफार्म इस काम के लिए व्यापक रूप से उपयोग किए जाते हैं।

4. पॉडकास्ट :

- पॉडकास्टिंग एक उभरता हुआ माध्यम है, जहाँ लोग ऑडियो फॉर्मेट में जानकारी और विचार साझा करते हैं।
- विभिन्न विषयों पर पॉडकास्ट उपलब्ध हैं, जो सुनने में आसान और सुविधाजनक होते हैं।

5. ऑनलाइन न्यूज़ पोर्टल्स :

- ऑनलाइन न्यूज़ पोर्टल्स ने समाचार पत्रों और टीवी चैनलों की जगह काफी हद तक ले ली है।
- यह पोर्टल्स ताजातरीन समाचार तुरन्त प्रदान करते हैं और लोग इन्हें किसी भी समय और कहीं भी पढ़ सकते हैं।

पारम्परिक और आधुनिक माध्यमों की तुलना

पारम्परिक और आधुनिक जन संचार माध्यमों के अपने-अपने फायदे और नुकसान हैं। आइए इनकी तुलना करें:

1. पहुँच और व्यापकता :

- पारम्परिक माध्यम, जैसे कि टीवी और रेडियो, व्यापक दर्शक वर्ग तक पहुँचते हैं और जनसंख्या के एक बड़े हिस्से द्वारा उपयोग किए जाते हैं।

- आधुनिक माध्यम, जैसे इन्टरनेट और सोशल मीडिया, अधिक व्यक्तिगत और तुरन्त पहुँच प्रदान करते हैं, विशेषकर युवाओं में।

2. गति और तात्कालिकता:

- पारम्परिक माध्यमों में समाचार और जानकारी के प्रसार में समय लगता है।
- आधुनिक माध्यमों के माध्यम से जानकारी तुरन्त और तेज़ी से प्रसारित होती है।

3. प्रभाव और दृश्यात्मकता:

- टीवी और फिल्में दृश्यात्मक प्रभाव प्रदान करती हैं, जिससे जानकारी अधिक प्रभावशाली होती है।
- सोशल मीडिया और इन्टरनेट पर वीडियो कंटेंट भी दृश्यात्मक और प्रभावशाली होता है।

4. विश्वसनीयता:

- पारम्परिक माध्यमों को अधिक विश्वसनीय माना जाता है क्योंकि ये स्थापित और विनियमित संस्थानों द्वारा संचालित होते हैं।
- आधुनिक माध्यमों पर फेक न्यूज़ और गलत जानकारी का खतरा अधिक होता है, लेकिन उपयोगकर्ता स्वयं स्रोतों की जांच कर सकते हैं।

भविष्य की संभावनाएँ

भविष्य में जन संचार के माध्यम और भी विकसित और व्यापक होंगे। नई तकनीकों के साथ, इन माध्यमों का प्रभाव और पहुँच और भी बढ़ेगी।

निष्कर्ष

जन संचार के पारम्परिक और आधुनिक दोनों माध्यम हमारे जीवन में महत्त्वपूर्ण भूमिका निभाते हैं। ये हमें न केवल जानकारी और मनोरंजन प्रदान करते हैं, बल्कि हमारे सामाजिक और सांस्कृतिक जीवन को भी समृद्ध बनाते हैं। पारम्परिक माध्यमों की विश्वसनीयता और व्यापकता आज भी बरकरार है, जबकि आधुनिक माध्यमों की तात्कालिकता और व्यक्तिगत पहुँच ने इन्हें अत्यधिक लोकप्रिय बना दिया है। दोनों माध्यमों के संतुलित उपयोग से हम एक अधिक सूचित और जुड़ी हुई दुनिया का निर्माण कर सकते हैं।

अध्याय - 7

श्रव्य और दृश्य मीडिया

आज के डिजिटल युग में ऑडियो और दृश्य मीडिया ने हमारे जीवन को एक नई दिशा दी है। ये माध्यम न केवल सूचना और मनोरंजन का स्रोत हैं, बल्कि शिक्षा और सामाजिक जागरूकता में भी महत्त्वपूर्ण भूमिका निभाते हैं।

ऑडियो मीडिया

ऑडियो मीडिया का तात्पर्य उन माध्यमों से है जो ध्वनि के माध्यम से जानकारी और मनोरंजन प्रदान करते हैं। इसके प्रमुख उदाहरण रेडियो, पॉडकास्ट, और ऑडियोबुक्स हैं।

1. रेडियो :

- रेडियो एक पारम्परिक ऑडियो माध्यम है जो अब भी अत्यन्त लोकप्रिय है। यह संगीत, समाचार, और विभिन्न कार्यक्रमों के माध्यम से लोगों का मनोरंजन करता है।
- रेडियो की सबसे बड़ी खासियत यह है कि यह कम लागत में व्यापक

दर्शकों तक पहुँच सकता है। यह ग्रामीण और शहरी दोनों क्षेत्रों में समान रूप से लोकप्रिय है।

- आपातकालीन स्थितियों में रेडियो एक महत्त्वपूर्ण सूचना स्रोत होता है, क्योंकि इसे बिजली और इन्टरनेट की जरूरत नहीं होती।

2. पॉडकास्ट :

- पॉडकास्ट आधुनिक ऑडियो माध्यमों में से एक हैं। यह इन्टरनेट के माध्यम से उपलब्ध होते हैं और इन्हें किसी भी समय सुना जा सकता है।
- पॉडकास्ट विभिन्न विषयों पर आधारित होते हैं जैसे कि शिक्षा, मनोरंजन, स्वास्थ्य, और राजनीति। इनकी बढ़ती लोकप्रियता के कारण लोग अपने पसंदीदा विषयों पर गहराई से जानकारी प्राप्त कर सकते हैं।
- पॉडकास्ट का एक बड़ा फायदा यह है कि इसे सुनते समय अन्य कार्य भी किए जा सकते हैं, जैसे कि ड्राइविंग या व्यायाम करना।

3. ऑडियोबुक्स :

- ऑडियोबुक्स उन किताबों के ऑडियो संस्करण होते हैं जिन्हें सुनकर लोग कहानियों और ज्ञान का आनन्द ले सकते हैं।
- यह दृष्टिबाधित लोगों के लिए एक महत्त्वपूर्ण साधन हैं और व्यस्त जीवनशैली वाले लोगों के लिए भी उपयोगी हैं जो पढ़ने का समय नहीं निकाल पाते।

दृश्य मीडिया

दृश्य मीडिया वह माध्यम है जो दृश्य और ध्वनि दोनों के माध्यम से जानकारी और मनोरंजन प्रदान करता है। इसके प्रमुख उदाहरण टेलीविजन, फिल्में, और ऑनलाइन वीडियो प्लेटफॉर्म हैं।

1. टेलीविजन :

- टेलीविजन जन संचार का एक प्रमुख माध्यम है जो समाचार, मनोरंजन, और शैक्षिक कार्यक्रम प्रदान करता है। यह घर-घर में पहुँचने वाला सबसे प्रभावशाली दृश्य माध्यम है।
- टेलीविजन की लोकप्रियता का मुख्य कारण इसका दृश्यात्मक प्रभाव और व्यापक दर्शक वर्ग है। यह न केवल सूचना का स्रोत है बल्कि मनोरंजन का भी प्रमुख साधन है।

- विभिन्न चैनलों के माध्यम से टेलीविजन पर हम विभिन्न प्रकार के कार्यक्रम देख सकते हैं, जैसे कि समाचार, धारावाहिक, खेल, और वृत्तचित्र।

2. फिल्में :

- फिल्में दृश्य माध्यम का एक प्रमुख हिस्सा हैं। यह न केवल मनोरंजन का स्रोत हैं बल्कि समाजिक और सांस्कृतिक संदेशों को भी प्रभावी ढंग से प्रस्तुत करती हैं।
- फिल्में विभिन्न विधाओं में बनाई जाती हैं, जैसे कि रोमांस, एक्शन, थ्रिलर, कॉमेडी, और ड्रामा। यह दर्शकों को विभिन्न अनुभव प्रदान करती हैं और उनकी भावनाओं को छूती हैं।
- सिनेमा हॉल के अलावा, अब ऑनलाइन प्लेटफॉर्म पर भी फिल्में उपलब्ध हैं, जिससे लोग अपने घर पर ही नई फिल्में देख सकते हैं।

3. ऑनलाइन वीडियो प्लेटफॉर्म :

- यूट्यूब, नेटफ्लिक्स, और अमेज़न प्राइम जैसे ऑनलाइन वीडियो प्लेटफॉर्म ने दृश्य मीडिया की दुनिया में क्रान्ति ला दी है। यह प्लेटफॉर्म विभिन्न प्रकार के वीडियो कंटेंट उपलब्ध कराते हैं, जैसे कि फिल्में, वेब सीरीज, म्यूजिक वीडियो, और शैक्षिक वीडियो।
- इन प्लेटफॉर्म्स का सबसे बड़ा फायदा यह है कि इन्हें किसी भी समय और कहीं भी देखा जा सकता है। इसके अलावा, उपयोगकर्ता अपनी पसंद के अनुसार कंटेंट चुन सकते हैं।
- इन प्लेटफॉर्म्स पर खुद की सामग्री अपलोड करने की सुविधा भी है, जिससे नए क्रिएटर्स को अपनी प्रतिभा दिखाने का मौका मिलता है।

ऑडियो और दृश्य मीडिया का महत्त्व

ऑडियो और दृश्य मीडिया का हमारे जीवन में बहुत महत्त्व है। यह न केवल हमें ताजातरीन जानकारी प्रदान करते हैं बल्कि हमारे मनोरंजन और शिक्षा में भी महत्त्वपूर्ण भूमिका निभाते हैं।

1. शिक्षा :

- ऑडियो और दृश्य मीडिया शैक्षिक सामग्री को रोचक और प्रभावी बनाते

हैं। ऑनलाइन कोर्स, शैक्षिक वीडियो और ऑडियोबुक्स के माध्यम से शिक्षा अधिक सुलभ हो गयी है।

- शिक्षण संस्थानों में भी ऑडियो-वीडियो उपकरणों का उपयोग बढ़ा है, जिससे छात्रों को बेहतर तरीके से समझने में मदद मिलती है।

2. मनोरंजन :

- यह माध्यम मनोरंजन के प्रमुख स्रोत हैं। रेडियो पर संगीत, टेलीविजन पर धारावाहिक, और ऑनलाइन प्लेटफार्म पर फिल्में और वेब सीरीज हमें मनोरंजन का भरपूर अनुभव कराती हैं।
- इसके अलावा, लाइव स्ट्रीमिंग और इवेंट्स के माध्यम से भी लोग मनोरंजन का आनन्द ले सकते हैं।

3. समाजिक जागरूकता:

- ऑडियो और दृश्य मीडिया सामाजिक मुद्दों पर जागरूकता बढ़ाने में महत्त्वपूर्ण भूमिका निभाते हैं। वृत्तचित्र, टॉक शो, और विशेष कार्यक्रमों के माध्यम से लोग महत्त्वपूर्ण सामाजिक और सांस्कृतिक मुद्दों के बारे में जान सकते हैं।
- यह माध्यम समाजिक बदलाव लाने में भी मददगार होते हैं। उदाहरण के लिए, स्वास्थ्य सम्बन्धी जागरूकता अभियान, पर्यावरण संरक्षण के लिए कार्यक्रम, और महिला सशक्तिकरण पर आधारित कंटेंट।

4. सूचना और समाचार :

- ताजातरीन समाचार और घटनाओं की जानकारी ऑडियो और दृश्य मीडिया के माध्यम से आसानी से प्राप्त की जा सकती है। टीवी समाचार चैनल, ऑनलाइन न्यूज़ पोर्टल्स, और रेडियो न्यूज़ बुलेटिन्स इसके प्रमुख उदाहरण हैं।
- आपातकालीन स्थितियों में भी ये माध्यम महत्त्वपूर्ण जानकारी प्रदान करते हैं, जिससे लोगों को सही समय पर सही निर्णय लेने में मदद मिलती है।

ऑडियो और दृश्य मीडिया की चुनौतियाँ

जहाँ ऑडियो और दृश्य मीडिया के अनेक फायदे हैं, वहीं कुछ चुनौतियाँ भी हैं:

1. फेक न्यूज़ और गलत जानकारी :

- डिजिटल प्लेटफार्म पर फेक न्यूज़ और गलत जानकारी का प्रसार एक बड़ी चुनौती है। इससे समाज में भ्रम और तनाव पैदा हो सकता है।
- इस चुनौती से निपटने के लिए हमें सत्यापित और विश्वसनीय स्रोतों से ही जानकारी प्राप्त करनी चाहिए।

2. प्राइवेसी और सुरक्षा :

- ऑनलाइन प्लेटफार्म पर व्यक्तिगत जानकारी की सुरक्षा एक महत्त्वपूर्ण मुद्दा है। हमें अपनी प्राइवेसी का ध्यान रखना चाहिए और सुरक्षित इन्टरनेट प्रथाओं का पालन करना चाहिए।

3. डिजिटल डिवाइड :

- सभी लोगों को समान रूप से डिजिटल सुविधाओं की पहुँच नहीं है। इससे ग्रामीण और पिछड़े क्षेत्रों में लोग ऑडियो और दृश्य मीडिया के फायदों से वंचित रह सकते हैं।
- डिजिटल डिवाइड को पाटने के लिए सरकार और संगठनों को मिलकर प्रयास करने चाहिए।

ऑडियो और दृश्य मीडिया ने हमारे जीवन को एक नई दिशा दी है। यह न केवल हमें ताजातरीन जानकारी और मनोरंजन प्रदान करते हैं, बल्कि हमारे शिक्षा और सामाजिक जागरूकता में भी महत्त्वपूर्ण भूमिका निभाते हैं। हालांकि कुछ चुनौतियाँ भी हैं, लेकिन सही उपयोग और जागरूकता के माध्यम से हम इनका पूरा लाभ उठा सकते हैं।

अध्याय - 8

सोशल मीडिया और पत्रकारिता

सोशल मीडिया और पत्रकारिता आज के समय में आपस में गहराई से जुड़े हुए हैं। इन्टरनेट और डिजिटल तकनीक के विकास ने सोशल मीडिया को एक ऐसा मंच बना दिया है, जहाँ लोग समाचार, विचार और जानकारी साझा कर सकते हैं।

सौशल मीडिया का उदय

सोशल मीडिया का उदय 21वीं सदी की शुरुआत में हुआ। फेसबुक, ट्विटर, इंस्टाग्राम और यूट्यूब जैसे प्लेटफार्मों ने लोगों को आपस में जोड़ने का काम किया। इन प्लेटफार्मों पर लोग अपने विचार, अनुभव, और जानकारी साझा कर सकते हैं। धीरे-धीरे, सोशल मीडिया ने अपनी पहुँच बढ़ाई और आज यह जीवन का एक अहम हिस्सा बन गया है।

1. फेसबुक :

- फेसबुक दुनिया का सबसे बड़ा सोशल मीडिया प्लेटफॉर्म है। यह लोगों को दोस्तों और परिवार के साथ जुड़ने की सुविधा देता है।
- इसके माध्यम से लोग समाचार और जानकारी भी साझा कर सकते हैं।

2. ट्विटर :

- ट्विटर ताजातरीन समाचार और विचारों के आदान-प्रदान का प्रमुख माध्यम है।
- यहाँ लोग छोटे संदेश (ट्वीट) के माध्यम से अपनी राय व्यक्त कर सकते हैं और महत्त्वपूर्ण मुद्दों पर चर्चा कर सकते हैं।

3. इंस्टाग्राम :

- इंस्टाग्राम एक फोटो और वीडियो साझा करने वाला प्लेटफॉर्म है।
- यह युवा पीढ़ी के बीच अत्यधिक लोकप्रिय है और लोग इसके माध्यम से अपने दैनिक जीवन की झलकियां साझा करते हैं।

4. यूट्यूब :

- यूट्यूब वीडियो सामग्री का सबसे बड़ा प्लेटफॉर्म है।
- यहाँ लोग वीडियो अपलोड कर सकते हैं और विभिन्न विषयों पर जानकारी प्राप्त कर सकते हैं।

पत्रकारिता का परम्परागत स्वरूप

पत्रकारिता का परम्परागत स्वरूप समाचार पत्र, रेडियो, और टेलीविजन पर आधारित था। पत्रकारिता का मुख्य उद्देश्य जनता को ताजातरीन और सत्यापित जानकारी प्रदान करना है।

1. समाचार पत्र :

- समाचार पत्र सबसे पुराना और विश्वसनीय समाचार माध्यम है।
- यह लोगों को विस्तृत समाचार, विचार, और विश्लेषण प्रदान करता है।

2. रेडियो :

- रेडियो एक महत्त्वपूर्ण ऑडियो माध्यम है जो ताजातरीन समाचार और जानकारी प्रदान करता है।
- यह ग्रामीण क्षेत्रों में भी पहुँचता है और लोगों को तुरन्त जानकारी प्रदान करता है।

3. टेलीविजन :

- टेलीविजन ने दृश्य माध्यम के रूप में जनसंचार में क्रान्ति ला दी।
- यह न केवल समाचार प्रदान करता है, बल्कि मनोरंजन और शैक्षिक कार्यक्रम भी प्रस्तुत करता है।

सोशल मीडिया और पत्रकारिता का मेल

सोशल मीडिया ने पत्रकारिता के क्षेत्र में एक नई दिशा दी है। यह न केवल सूचना का स्रोत है, बल्कि संवाद और विचारों के आदान-प्रदान का मंच भी है।

1. ताजातरीन समाचार :

- सोशल मीडिया प्लेटफॉर्म पर समाचार तुरन्त प्रसारित होते हैं।
- ट्विटर और फेसबुक जैसे प्लेटफॉर्म्स पर लोग ताजातरीन घटनाओं के बारे में तुरन्त जानकारी प्राप्त कर सकते हैं।

2. जनता की आवाज़ :

- सोशल मीडिया ने आम जनता को अपनी आवाज़ उठाने का मंच प्रदान किया है।
- लोग अपने विचार और मुद्दों को सीधे पत्रकारों और नेताओं तक पहुँचा सकते हैं।

3. वायरल कंटेंट :

- सोशल मीडिया पर खबरें और वीडियो तेज़ी से वायरल होते हैं। इससे खबरें तेज़ी से फैलती हैं और अधिक लोगों तक पहुँचती हैं।

4. जाँच और सत्यापन :

- पत्रकार अब सोशल मीडिया का उपयोग करके घटनाओं और सूचनाओं की जाँच और सत्यापन कर सकते हैं।
- यह एक अतिरिक्त स्रोत के रूप में काम करता है।

पत्रकारिता में सोशल मीडिया की चुनौतियाँ

जहाँ सोशल मीडिया ने पत्रकारिता को नए आयाम दिए हैं, वहीं कुछ चुनौतियाँ भी सामने आई हैं।

1. फेक न्यूज़ :

- सोशल मीडिया पर फेक न्यूज़ और गलत जानकारी का प्रसार एक बड़ी समस्या है।
- इससे समाज में भ्रम और अफवाहें फैलती हैं।

2. सत्यापन की कमी :

- सोशल मीडिया पर प्रसारित होने वाली सभी खबरें सत्यापित नहीं होतीं।
- इससे जानकारी की विश्वसनीयता पर सवाल उठते हैं।

3. गोपनीयता और सुरक्षा :

- सोशल मीडिया पर व्यक्तिगत जानकारी की सुरक्षा एक महत्त्वपूर्ण मुद्दा है।
- पत्रकारों को अपनी सुरक्षा का ध्यान रखना पड़ता है।

4. प्रचार और पक्षपात :

- कई बार सोशल मीडिया पर प्रचार और पक्षपातपूर्ण खबरें अधिक प्रसारित होती हैं।
- इससे निष्पक्ष पत्रकारिता प्रभावित होती है।

सोशल मीडिया का सकारात्मक प्रभाव

इन चुनौतियों के बावजूद, सोशल मीडिया ने पत्रकारिता को कई सकारात्मक दिशा-निर्देश भी दिए हैं।

1. सूचना का लोकतन्त्रीकरण :

- सोशल मीडिया ने सूचना के लोकतन्त्रीकरण में महत्त्वपूर्ण भूमिका निभाई है।
- अब हर व्यक्ति अपनी राय व्यक्त कर सकता है और महत्त्वपूर्ण मुद्दों पर चर्चा कर सकता है।

2. जागरूकता और शिक्षा :

- सोशल मीडिया ने जागरूकता और शिक्षा में महत्त्वपूर्ण योगदान दिया है।
- विभिन्न सामाजिक मुद्दों पर जागरूकता अभियान चलाए जाते हैं।

3. तत्काल प्रतिक्रिया :

- सोशल मीडिया पर तत्काल प्रतिक्रिया संभव है।

लोग घटनाओं पर तुरन्त अपनी राय व्यक्त कर सकते हैं।

4. पत्रकारिता का विस्तार :

- सोशल मीडिया ने पत्रकारिता का विस्तार किया है।
- पत्रकार अब लाइव स्ट्रीमिंग, वीडियो रिपोर्टिंग, और सोशल मीडिया पोस्ट्स के माध्यम से अपनी बात पहुँचा सकते हैं।

अध्याय - 9

ई-हिन्दी का परिचय

डिजिटल युग में इन्टरनेट और तकनीक का विकास तेज़ी से हुआ है, जिसने भाषा और संचार के माध्यमों को भी प्रभावित किया है। हिन्दी, जो हमारी राजभाषा और सबसे अधिक बोली जाने वाली भाषा है, अब डिजिटल प्लेटफार्मों पर भी अपनी महत्त्वपूर्ण उपस्थिति बना रही है। ई-हिन्दी का उदय इस बात का प्रमाण है कि हमारी भाषा ने तकनीकी विकास के साथ तालमेल बिठाया है।

ई-हिन्दी एक व्यापक संकल्पना है। इसमें मुख्य रूप से चार बातों को रखा जा सकता है-

डिजिटल प्लेटफॉर्म पर हिन्दी सामग्री का विकास, डिजिटल कार्यक्रमों या सॉफ्टवेयरों द्वारा हिन्दी शिक्षण, डिजिटल हिन्दी माध्यम से अन्य विषयों का शिक्षण और हिन्दी के भाषिक सॉफ्टवेयरों का विकास।

ई-हिन्दी का महत्त्व

ई-हिन्दी का मतलब है हिन्दी भाषा का डिजिटल माध्यमों पर उपयोग। इसका महत्त्व कई दृष्टिकोणों से देखा जा सकता है :

1. **भाषाई सशक्तिकरण :** ई-हिन्दी ने हिन्दी भाषा को डिजिटल युग बनाया है। अब हिन्दी में लेखन, पढ़ाई, और संचार अधिक सुलभ हो गए हैं।

2. **साहित्य का प्रसार :** ई-हिन्दी के माध्यम से हिन्दी साहित्य को व्यापक दर्शकों तक पहुँचाया जा सकता है। ऑनलाइन प्लेटफार्म पर पुस्तकें, लेख, कविताएँ और अन्य साहित्यिक सामग्री उपलब्ध हैं।

3. **शिक्षा का प्रसार :** ई-हिन्दी ने शिक्षा के क्षेत्र में भी क्रान्ति ला दी है। अब छात्र हिन्दी में विभिन्न शैक्षिक सामग्री और ऑनलाइन कोर्सेज का लाभ उठा सकते हैं।

4. **सांस्कृतिक संरक्षण :** ई-हिन्दी ने हमारी सांस्कृतिक धरोहर को संरक्षित रखने में महत्त्वपूर्ण भूमिका निभाई है। पारम्परिक कहानियाँ, लोकगीत, और अन्य सांस्कृतिक सामग्री अब डिजिटल रूप में उपलब्ध हैं।

5. **तकनीकी समावेशन :** ई-हिन्दी ने तकनीकी जगत में हिन्दी भाषा को सम्मिलित कर इसे और भी प्रासंगिक बना दिया है। अब सॉफ्टवेयर, एप्स, और वेबसाइट्स हिन्दी में उपलब्ध हैं।

ई-हिन्दी का उपयोग

ई-हिन्दी का उपयोग विभिन्न क्षेत्रों में किया जा रहा है, जिनमें प्रमुख हैं:

1. **सोशल मीडिया** : सोशल मीडिया प्लेटफार्म पर हिन्दी भाषा का व्यापक उपयोग हो रहा है। लोग अपने विचार, अनुभव और जानकारी हिन्दी में साझा कर रहे हैं।

2. **ई-कॉमर्स :** ई-कॉमर्स वेबसाइट्स पर हिन्दी में सामग्री उपलब्ध कराई जा रही है, जिससे हिन्दी भाषी उपयोगकर्ता आसानी से खरीदारी कर सकते हैं।

3. **शिक्षा और प्रशिक्षण :** विभिन्न शैक्षिक प्लेटफार्म पर हिन्दी में कोर्सेज, ट्यूटोरियल और शैक्षिक सामग्री उपलब्ध हैं। इससे हिन्दी भाषी छात्रों को शिक्षा प्राप्त करना आसान हो गया है।

4. **सरकारी सेवाएँ :** कई सरकारी सेवाएँ और वेबसाइट्स हिन्दी में उपलब्ध हैं, जिससे आम जनता को सरकारी जानकारी और सेवाओं का लाभ उठाने में सुविधा होती है।

5. **मनोरंजन :** मनोरंजन के क्षेत्र में भी हिन्दी का डिजिटल उपयोग बढ़ा है। ऑनलाइन प्लेटफार्म पर हिन्दी में फिल्में, गाने, और वेब सीरीज उपलब्ध हैं।

ई-हिन्दी के लाभ

ई-हिन्दी के कई लाभ हैं, जिनमें प्रमुख हैं :

1. **सुलभता :** ई-हिन्दी ने हिन्दी भाषा को व्यापक दर्शकों तक पहुँचाया है। अब हिन्दी भाषी लोग इन्टरनेट का पूरा लाभ उठा सकते हैं।
2. **शिक्षा :** ई-हिन्दी ने शिक्षा को अधिक सुलभ और प्रभावी बना दिया है। हिन्दी में ऑनलाइन कोर्सेज और शैक्षिक सामग्री छात्रों को गुणवत्तापूर्ण शिक्षा प्रदान कर रही है।
3. **संचार :** ई-हिन्दी ने संचार को सरल और सुलभ बना दिया है। अब लोग हिन्दी में संदेश भेज सकते हैं, ब्लॉग लिख सकते हैं, और सोशल मीडिया पर सक्रिय रह सकते हैं।
4. **सांस्कृतिक संरक्षण :** ई-हिन्दी ने हमारी सांस्कृतिक धरोहर को संरक्षित रखने में मदद की है। पारम्परिक कहानियाँ, लोकगीत, और अन्य सांस्कृतिक सामग्री अब डिजिटल रूप में सुरक्षित हैं।
5. **आर्थिक अवसर :** ई-हिन्दी ने व्यापार और रोजगार के नए अवसर उत्पन्न किए हैं। डिजिटल मार्केटिंग, कंटेंट क्रिएशन, और ई-कॉमर्स के क्षेत्र में हिन्दी भाषी लोग रोजगार प्राप्त कर रहे हैं।

ई-हिन्दी की चुनौतियाँ

ई-हिन्दी के सामने कुछ चुनौतियाँ भी हैं, जिनमें प्रमुख हैं:

1. **तकनीकी संसाधन :** हिन्दी में तकनीकी संसाधनों की कमी एक बड़ी चुनौती है। हमें हिन्दी में और अधिक सॉफ्टवेयर, टूल्स और प्लेटफार्म की आवश्यकता है।
2. **भाषाई मानकीकरण :** हिन्दी में विभिन्न बोलियाँ और उपभाषाएँ होने के कारण मानकीकरण एक चुनौतीपूर्ण कार्य है। हमें एक सुसंगत और मानक हिन्दी की आवश्यकता है।
3. **डिजिटल साक्षरता :** हिन्दी भाषी क्षेत्रों में डिजिटल साक्षरता की कमी एक बड़ी समस्या है। हमें लोगों को डिजिटल साक्षर बनाना होगा ताकि वे ई- हिन्दी का पूरा लाभ उठा सकें।
4. **सुरक्षा और गोपनीयता :** ई-हिन्दी उपयोगकर्ताओं की सुरक्षा और गोपनीयता सुनिश्चित करना महत्त्वपूर्ण है। हमें साइबर सुरक्षा और डेटा प्राइवेसी पर ध्यान देना होगा।

5. **गुणवत्तापूर्ण सामग्री :** हिन्दी में गुणवत्तापूर्ण सामग्री की कमी एक बड़ी चुनौती है। हमें उच्च गुणवत्ता वाली सामग्री का निर्माण और प्रचार-प्रसार करना होगा।

ई - हिन्दी का भविष्य

ई-हिन्दी का भविष्य उज्ज्वल है। नई तकनीकों और नवाचारों के साथ, ई-हिन्दी और भी प्रभावी और सशक्त बनेगी। आर्टिफिशियल इंटेलिजेंस (AI), मशीन लर्निंग, और नेचुरल लैंग्वेज प्रोसेसिंग (NLP) जैसी तकनीकों का उपयोग ई-हिन्दी को और भी उन्नत बनाएगा।

अध्याय - 10

ई-लर्निंग

डिजिटल युग में शिक्षा के तरीकों में क्रान्तिकारी परिवर्तन हुआ है। पारम्परिक शिक्षा प्रणाली के अलावा, अब ई-लर्निंग या ऑनलाइन शिक्षा का भी व्यापक प्रसार हो चुका है। ई-लर्निंग ने शिक्षा को अधिक सुलभ, प्रभावी और आधुनिक बना दिया है।

ई-लर्निंग का अर्थ है इन्टरनेट के माध्यम से शिक्षा प्राप्त करना। इसमें ऑनलाइन पाठ्यक्रम, वीडियो लेक्चर, इंटरैक्टिव असाइनमेंट और डिजिटल सामग्रियों का उपयोग शामिल है। ई-लर्निंग ने शिक्षा के क्षेत्र में एक नई दिशा दी है, जिससे विद्यार्थी कहीं भी और कभी भी शिक्षा प्राप्त कर सकते हैं।

सन् 1999 में इलियट मेस्सी (Elliott Massie) ने इस शब्द का प्रथम बार इस्तेमाल किया। जिनको एजुकेशन टेक्नोलॉजी एक्सपर्ट कहा जाता है।

ई-लर्निंग 2.0 शब्द / संज्ञा सीएससीएल (CSCL) प्रणालियों का एक नवनिर्मित प्रयोग है जिसकी उत्पत्ति वेब 2.0 के उद्भव के दौरान हुई थी। अगर ई-लर्निंग 2.0 के नज़रिए से देखा जाए, तो पारम्परिक ई-शिक्षा प्रणालियां अनुदेशात्मक पैकेटों

पर आधारित थीं, जिन्हें इन्टरनेट प्रौद्योगिकियों का इस्तेमाल करने वाले छात्रों को वितरित किया जाता था। छात्र की भूमिका में पठनीय सामग्रियों से शिक्षा ग्रहण करना और सौंपे गए कामों की तैयारी करना शामिल था। इन कामों का मूल्यांकन शिक्षक करते थे। इसके विपरीत, नई ई-शिक्षा प्रणालियों के तहत सामाजिक शिक्षा और सामाजिक सॉफ्टवेयर, जैसे—ब्लॉग, विकी, पॉडकास्ट एवं आभासी विश्व, जैसे सेकंड लाइफ (दूसरा जीवन), के इस्तेमाल पर और अधिक ज़ोर दिया जाता है। इस घटना को लाँग टेल लर्निंग के रूप में भी संदर्भित किया जाता है।

ई - लर्निंग के प्रकार

1. Synchronous जिसको हिन्दी में समकालिक कहते हैं। यह ई- लर्निंग का ऐसा प्रकार है। जो रियल टाइम प्रोसेस पर आधारित होता है। मतलब इसमें टीचर और स्टूडेंट दोनों भिन्न-भिन्न स्थान से किसी भी डिवाइस जैसे मोबाइल फोन या कम्प्यूटर के माध्यम से किसी एप्लीकेशन की हेल्प से एक ही वक्त पर एक दूसरे के साथ कनेक्टेड हैं। कहने का मतलब टीचर स्टूडेंट को किसी भी विषय के बारे में कुछ पढ़ाता है, सिखाता है। ऐसी स्थिति में अगर स्टूडेंट के मन में विषय से सम्बन्धित कोई सा भी प्रश्न है तो स्टूडेंट डायरेक्टर टीचर से प्रश्न को पूछ या शेयर कर सकता है। कुछ उदाहरण—audio 3 video conferencing, live chat, virtual classroom, webinars, etc.

2. Asynchronous जिसको हिन्दी में अतुल्यकालिक कहते हैं। यह रियल टाइम प्रोसेस से बहुत पृथक है। मतलब इसमें टीचर और स्टूडेंट दोनों एक ही समय में एक साथ कनेक्टेड नहीं हो सकते है। स्टूडेंट किसी भी समय पर पढ़, सीख सकता है क्योंकि स्टूडेंट को इसमें पहले से तैयार डिजिटल कंटेंट मिलते हैं उदाहरण—online course, blogs, websites, video tutorials, e-books, etc इनकी मदद से स्टूडेंट अपनी इच्छा के अनुसार किसी भी टाइम पर सीख सकते है।

ई-लर्निंग का महत्त्व

ई-लर्निंग का महत्त्व कई दृष्टिकोणों से देखा जा सकता है:

1. **सुलभता :** ई-लर्निंग ने शिक्षा को सभी के लिए सुलभ बना दिया है। अब विद्यार्थी किसी भी स्थान से अपनी पसंद के कोर्स और विषयों की पढ़ाई कर सकते हैं।
2. **लचीलेपन :** ई-लर्निंग के माध्यम से विद्यार्थी अपनी सुविधा के अनुसार

पढ़ाई कर सकते हैं। उन्हें किसी विशेष समय या स्थान पर बंधे रहने की आवश्यकता नहीं होती।

3. **विविधता :** ई-लर्निंग में विभिन्न विषयों और कोर्सेज की विविधता होती है। विद्यार्थी अपनी रुचि और आवश्यकता के अनुसार कोर्स चुन सकते हैं।
4. **किफायती :** पारम्परिक शिक्षा की तुलना में ई-लर्निंग अधिक किफायती होती है। इससे विद्यार्थियों को आर्थिक बोझ कम होता है।
5. **तकनीकी ज्ञान :** ई-लर्निंग ने विद्यार्थियों को तकनीकी ज्ञान और कौशल से लैस किया है। इससे वे आधुनिक तकनीकों और उपकरणों का उपयोग करना सीखते हैं।

ई-लर्निंग का उपयोग

ई-लर्निंग का उपयोग विभिन्न तरीकों से किया जा सकता है, जिनमें प्रमुख हैं:

1. **ऑनलाइन कोर्सेज :** विभिन्न विश्वविद्यालय और शिक्षण संस्थान ऑनलाइन कोर्सेज प्रदान करते हैं। विद्यार्थी इन कोर्सेज में नामांकन कर अपनी पढ़ाई पूरी कर सकते हैं।
2. **वेबिनार और वर्चुअल कक्षाएँ :** शिक्षक और विद्यार्थी वेबिनार और वर्चुअल कक्षाओं के माध्यम से एक-दूसरे से जुड़ सकते हैं। यह एक इंटरैक्टिव और प्रभावी शिक्षण विधि है।
3. **शैक्षिक ऐप्स :** विभिन्न शैक्षिक ऐप्स विद्यार्थियों को उनके विषयों की पढ़ाई में मदद करते हैं। ये ऐप्स विभिन्न विषयों की सामग्री, क्विज़, और असाइनमेंट प्रदान करते हैं।
4. **ऑनलाइन लाइब्रेरी :** ई-लर्निंग के माध्यम से विद्यार्थी ऑनलाइन लाइब्रेरी का उपयोग कर सकते हैं। इससे वे विभिन्न किताबें, शोधपत्र, और अन्य शैक्षिक सामग्री पढ़ सकते हैं।
5. **सर्टिफिकेट कोर्स :** ई-लर्निंग के माध्यम से विभिन्न सर्टिफिकेट कोर्स किए जा सकते हैं। यह विद्यार्थियों को विशेष कौशल और ज्ञान प्राप्त करने में मदद करता है।

ई-लर्निंग के लाभ

ई-लर्निंग के कई लाभ हैं, जिनमें प्रमुख हैं :

1. **लचीला समय :** ई-लर्निंग ने विद्यार्थियों को लचीले समय में पढ़ाई करने की सुविधा दी है। वे अपनी सुविधानुसार पढ़ाई कर सकते हैं।

2. **आर्थिक बचत :** ई-लर्निंग के माध्यम से शिक्षा प्राप्त करने में आर्थिक बचत होती है। इससे यात्रा और अन्य खर्चों में कटौती होती है।
3. **वैयक्तिकृत शिक्षा :** ई-लर्निंग विद्यार्थियों को उनकी जरूरतों और क्षमताओं के अनुसार वैयक्तिकृत शिक्षा प्रदान करती है। यह शिक्षा को अधिक प्रभावी बनाती है।
4. **वैश्विक पहुँच :** ई-लर्निंग ने शिक्षा को वैश्विक बना दिया है। विद्यार्थी किसी भी देश के शिक्षण संस्थानों के कोर्सेज कर सकते हैं और वैश्विक स्तर पर शिक्षा प्राप्त कर सकते हैं।
5. **तकनीकी ज्ञान :** ई-लर्निंग ने विद्यार्थियों को तकनीकी ज्ञान और कौशल से सशक्त बनाया है। इससे वे आधुनिक तकनीकों और उपकरणों का उपयोग करना सीखते हैं।

ई-लर्निंग की चुनौतियाँ

ई-लर्निंग के सामने कुछ चुनौतियाँ भी हैं, जिनमें प्रमुख हैं:

1. **इन्टरनेट की उपलब्धता :** ई-लर्निंग के लिए एक स्थिर और तेज़ इन्टरनेट कनेक्शन आवश्यक है, जो कि हर स्थान पर उपलब्ध नहीं होता।
2. **तकनीकी ज्ञान की कमी :** कई विद्यार्थियों और शिक्षकों को ई-लर्निंग के तकनीकी उपकरणों और सॉफ्टवेयर का ज्ञान नहीं होता, जिससे वे इसका पूर्ण लाभ नहीं उठा पाते।
3. **स्व-प्रेरणा :** ई-लर्निंग में स्व-प्रेरणा महत्त्वपूर्ण है। विद्यार्थी को खुद से पढ़ाई करने और समय प्रबंधन की क्षमता होनी चाहिए।
4. **सामाजिक सम्पर्क की कमी :** ई-लर्निंग में व्यक्तिगत सम्पर्क और सामाजिक इंटरैक्शन की कमी होती है, जिससे विद्यार्थी के संचार कौशल पर प्रभाव पड़ सकता है।
5. **गुणवत्तापूर्ण सामग्री :** ई-लर्निंग में गुणवत्तापूर्ण और प्रमाणिक शैक्षिक सामग्री की कमी एक बड़ी चुनौती है। विद्यार्थियों को सही और विश्वसनीय स्त्रोतों से शिक्षा प्राप्त करनी चाहिए।

अध्याय - 11

ई-गवर्नेंस

ई-गवर्नेंस का अर्थ है सरकारी सेवाओं और सूचनाओं को डिजिटल माध्यमों से नागरिकों तक पहुँचाना। इसका मुख्य उद्देश्य सरकारी प्रक्रियाओं को सरल, पारदर्शी, और कुशल बनाना है। ई-गवर्नेंस में ई-का अर्थ है इलेक्ट्रॉनिक एवं गवर्नेंस का अर्थ है शासन।

ई-गवर्नेंस (इलेक्ट्रॉनिक गवर्नेंस) एक ऐसी प्रणाली है जिसमें सरकारें डिजिटल तकनीकों का उपयोग करके अपनी सेवाओं और सूचनाओं को जनता तक पहुँचाती हैं। इसमें इन्टरनेट, मोबाइल फोन, और अन्य डिजिटल साधनों का उपयोग शामिल है। ई-गवर्नेंस से नागरिकों को सरकारी सेवाओं का लाभ उठाने में आसानी होती है और समय की बचत होती है। ई-गवर्नेंस सूचना प्रौद्योगिकी का उपयोग सरकारी प्रक्रियाओं में करता है ताकि एक Simple, Moral, Accountable, Responsive, और Transparent (SMART) शासन प्राप्त किया जा सके।

शासन की अवधारणा के अंतर्गत लक्षित समूहों को चार भागो में बाँटा जा सकता है।

शासन समूह (Government groups)

कर्मचारी समूह (Employee groups)

नागरिक समूह (Citizen groups)

व्यवसाय / सरोकारी समूह (Business / Stakeholder groups)

ई-गवर्नेंस का उद्देश्य नागरिकों के साथ सरकार के संवाद को सशक्त और सरकारी प्रक्रियाओं को अधिक पारदर्शी एवं जवाबदेह बनाना है। यह एक ऐसा माध्यम है जिससे नागरिक अपनी समस्याओं और सुझावों को सीधे सरकार तक पहुँचा सकते हैं।

ई-गवर्नेंस के प्रमुख घटक

ई-गवर्नेंस के चार मुख्य घटक होते हैं:

गवर्नमेंट टू गवर्नमेंट (G2G) : इसमें विभिन्न सरकारी विभाग आपस में सूचनाओं का आदान-प्रदान करते हैं, जिससे उनकी कार्यक्षमता बढ़ती है। यह विभागों के बीच सहयोग और समन्वय को बढ़ाता है।

गवर्नमेंट टू एम्प्लॉई (G2E) : इसमें सरकारी कर्मचारी अपनी सेवाओं और सुविधाओं का उपयोग कर सकते हैं, जैसे वेतन पर्ची, अवकाश आवेदन आदि। इससे कर्मचारियों के लिए प्रशासनिक प्रक्रियाएँ सरल हो जाती हैं।

गवर्नमेंट टू सिटीजन (G2C) : इसमें सरकार नागरिकों को सीधे सेवाएं प्रदान करती है, जैसे ऑनलाइन जन्म प्रमाण पत्र, पासपोर्ट आवेदन, बिजली बिल भुगतान आदि। यह नागरिकों के लिए सरकारी सेवाओं को सरल और सुलभ बनाता है।

गवर्नमेंट टू बिजनेस (G2B) : इसमें सरकार व्यापारिक संस्थानों को सेवाएं प्रदान करती है, जैसे टैक्स फाइलिंग, लाइसेंस आवेदन, ट्रेड रजिस्ट्रेशन आदि। इससे व्यापार करने में आसानी होती है और व्यापारिक प्रक्रियाएँ तेज़ हो जाती हैं।

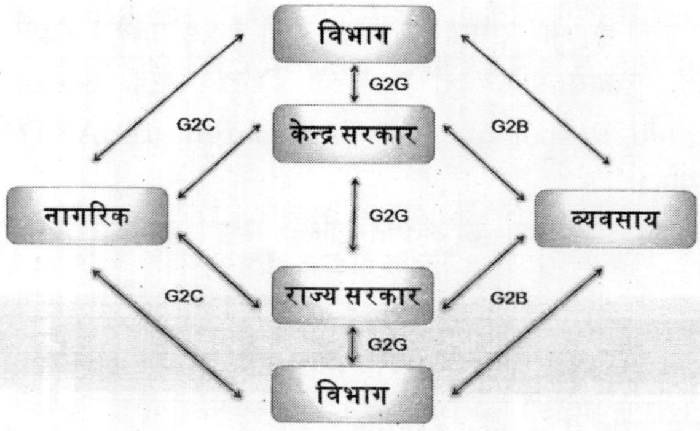

ई-गवर्नेंस के लाभ

ई-गवर्नेंस से सरकार और नागरिकों दोनों को कई लाभ होते हैं:

1. **पारदर्शिता और जवाबदेही :** ई-गवर्नेंस से सरकारी प्रक्रियाएँ पारदर्शी हो जाती हैं और सरकार की जवाबदेही बढ़ती है। नागरिक आसानी से

जानकारी प्राप्त कर सकते हैं और अपनी समस्याओं का समाधान पा सकते हैं। इससे भ्रष्टाचार में भी कमी आती है।

2. **समय और धन की बचत :** ई-गवर्नेंस से नागरिकों को सरकारी दफ्तरों के चक्कर लगाने की आवश्यकता नहीं होती, जिससे उनका समय और धन दोनों बचता है। इससे सरकारी संसाधनों का भी कुशल उपयोग होता है।
3. **सुविधाजनक और सुलभ सेवाएँ :** नागरिक किसी भी समय और किसी भी स्थान से सरकारी सेवाओं का लाभ उठा सकते हैं। इससे सरकारी सेवाएँ अधिक सुविधाजनक और सुलभ हो जाती हैं। नागरिकों को लंबी कतारों में खड़ा नहीं होना पड़ता।
4. **कार्य दक्षता में वृद्धि :** डिजिटल तकनीक के उपयोग से सरकारी विभागों की कार्य दक्षता बढ़ती है और उनका प्रदर्शन सुधरता है। इससे सरकारी कामकाज में तेज़ी आती है और गलतियों की संभावना कम हो जाती है।

ई-गवर्नेंस के प्रमुख उदाहरण

1. **आधार कार्ड :** भारत सरकार ने आधार कार्ड को डिजिटल पहचान पत्र के रूप में लागू किया है, जिससे नागरिकों को कई सरकारी सेवाओं का लाभ उठाने में सुविधा होती है। आधार कार्ड ने पहचान प्रक्रिया को सरल और सुरक्षित बनाया है।
2. **डिजिटल इंडिया :** इस पहल के तहत सरकारी सेवाओं को डिजिटल प्लेटफॉर्म पर उपलब्ध कराया गया है, जैसे डिजिटल लॉकर, ई-हॉस्पिटल, और ई-स्कॉलरशिप। डिजिटल इंडिया अभियान का उद्देश्य हर नागरिक को डिजिटल साक्षर बनाना और इन्टरनेट की सुविधा उपलब्ध कराना है।
3. **भूतल परिवहन मंत्रालय :** इस मंत्रालय ने ड्राइविंग लाइसेंस और वाहन पंजीकरण सेवाओं को ऑनलाइन उपलब्ध कराया है, जिससे नागरिक आसानी से अपने दस्तावेज प्राप्त कर सकते हैं। यह प्रक्रिया न केवल तेज़ है बल्कि अधिक पारदर्शी भी है।
4. **माईगॉव पोर्टल :** यह पोर्टल नागरिकों को सरकार के साथ सीधे संवाद करने की सुविधा प्रदान करता है। नागरिक अपनी राय और सुझाव साझा कर सकते हैं और सरकार के निर्णयों में भागीदारी कर सकते हैं। इससे सरकारी निर्णय प्रक्रिया में जनता की भागीदारी बढ़ती है।

राष्ट्रीय ई-गवर्नेंस योजना (NeGP) के माध्यम से पूरे देश में एक आधारभूत संरचना विकसित की जा रही है जिससे इन्टरनेट के माध्यम से सरकारी सेवाएं दूरदराज के ग्रामीण छेत्रो के नागरिकों तक भी आसानी से पहुँचाई जा सकेगी। सरकार ने ई-गवर्नेंस को बढ़ावा देने के लिए तीन स्तरों पर डिजिटल परिवर्तन का लक्ष्य रखा है—

नकदी रहित स्तर

कागज रहित स्तर

उपस्थिति रहित स्तर

ई-गवर्नेंस प्रमुख योजनाएं

उमंग (UMANG - Unified Mobile Application for New-Age Governance) डिजिलॉकर भीम यू.पी.आई. (BHIM-Bharat Interface for Money) ई-गवर्नेंस का भविष्य बहुत उज्ज्वल है। सरकारें लगातार नई तकनीकों का उपयोग करके अपनी सेवाओं को और भी बेहतर बना रही हैं।

आर्टिफिशियल इंटेलिजेंस (एआई), ब्लॉकचेन, और इन्टरनेट ऑफ थिंग्स (IOT) जैसी तकनीकों का उपयोग ई-गवर्नेंस को और भी सशक्त बनाएगा।

ई-गवर्नेंस ने सरकार और नागरिकों के बीच संवाद और सेवाओं की उपलब्धता को बेहतर बनाया है। इससे न केवल सरकारी प्रक्रियाएँ सरल और पारदर्शी हुई हैं, बल्कि नागरिकों को भी कई सुविधाएं प्राप्त हुई हैं। हालांकि, इसके सामने कुछ चुनौतियाँ भी हैं, जिन्हें दूर करने के लिए हमें संयुक्त प्रयास करने होंगे।

ई-गवर्नेंस का मुख्य उद्देश्य सरकारी सेवाओं को नागरिकों के लिए अधिक सुलभ, सुविधाजनक और पारदर्शी बनाना है। डिजिटल युग में, ई-गवर्नेंस ने एक महत्त्वपूर्ण भूमिका निभाई है और यह हमारे समाज को अधिक संगठित और प्रभावी बना रहा है। हमें ई-गवर्नेंस के लाभों का पूरा फायदा उठाना चाहिए और इसके विकास में योगदान देना चाहिए।

अध्याय - 12

टाइपिंग सॉफ्टवेयर

डिजिटल युग में टाइपिंग सॉफ़्टवेयर का महत्त्व दिन-प्रतिदिन बढ़ता जा रहा है। ये सॉफ़्टवेयर न केवल हमारे काम को सरल और तेज़ बनाते हैं, बल्कि हमारी उत्पादकता को भी बढ़ाते हैं। हिन्दी टाइपिंग सॉफ़्टवेयर ने हिन्दी भाषी लोगों के लिए कम्प्यूटर और मोबाइल पर हिन्दी में लिखना आसान कर दिया है।

टाइपिंग सॉफ़्टवेयर का महत्त्व

टाइपिंग सॉफ़्टवेयर का महत्त्व कई दृष्टिकोणों से देखा जा सकता है:

1. **सहजता :** टाइपिंग सॉफ़्टवेयर के माध्यम से कम्प्यूटर और मोबाइल पर हिन्दी में लिखना बेहद आसान हो गया है। इससे उपयोगकर्ताओं को हिन्दी में संदेश, दस्तावेज़, और ई-मेल लिखने में सुविधा होती है।
2. **समय की बचत :** टाइपिंग सॉफ़्टवेयर तेज़ी से लिखने में मदद करते हैं, जिससे समय की बचत होती है। यह विशेष रूप से उन लोगों के लिए महत्त्वपूर्ण है जो अपने कार्य में तेज़ी और सटीकता चाहते हैं।

3. **शुद्धता :** टाइपिंग सॉफ़्टवेयर शुद्ध हिन्दी लिखने में मदद करते हैं। इनमें स्पेल चेक और ग्रामर चेक की सुविधा होती है, जिससे लेखन में त्रुटियाँ कम होती हैं।
4. **सुलभता :** टाइपिंग सॉफ़्टवेयर सभी के लिए सुलभ होते हैं। ये विभिन्न उपकरणों और प्लेटफार्म पर उपलब्ध होते हैं, जिससे उपयोगकर्ता कहीं भी और कभी भी इनका उपयोग कर सकते हैं।
5. **तकनीकी ज्ञान :** टाइपिंग सॉफ़्टवेयर का उपयोग करने से उपयोगकर्ताओं को कम्प्यूटर और मोबाइल के विभिन्न फीचर्स और टूल्स का ज्ञान होता है, जिससे वे तकनीकी रूप से सशक्त बनते हैं।

टाइपिंग सॉफ़्टवेयर के प्रकार

टाइपिंग सॉफ़्टवेयर के विभिन्न प्रकार होते हैं, जो उपयोगकर्ता की आवश्यकताओं के अनुसार भिन्न-भिन्न होते हैं। इनमें प्रमुख हैं:

1. **ऑनलाइन टाइपिंग सॉफ़्टवेयर :** ये सॉफ़्टवेयर इन्टरनेट पर उपलब्ध होते हैं और इन्हें उपयोग करने के लिए किसी भी सॉफ़्टवेयर को डाउनलोड करने की आवश्यकता नहीं होती। उदाहरण : Google Input Tools, Easy Hindi Typing.
2. **डेस्कटॉप टाइपिंग सॉफ़्टवेयर :** ये सॉफ़्टवेयर कम्प्यूटर पर इंस्टॉल किए जाते हैं और इन्टरनेट के बिना भी उपयोग किए जा सकते हैं। उदाहरण : Indic Input, Baraha, Anop Hindi Typing Tutor.
3. **मोबाइल टाइपिंग ऐप्स :** ये ऐप्स मोबाइल डिवाइस पर इंस्टॉल किए जाते हैं और हिन्दी टाइपिंग को आसान बनाते हैं। उदाहरण : Google Indic Keyboard, Swarachakra Hindi, Lipikaar.
4. **वॉइस टाइपिंग सॉफ़्टवेयर :** ये सॉफ़्टवेयर आवाज़ के माध्यम से टाइपिंग करते हैं। उपयोगकर्ता बोलकर हिन्दी में टाइप कर सकते हैं। उदाहरण : Google Voice Typing, SpeechTexter.

टाइपिंग सॉफ़्टवेयर का उपयोग

टाइपिंग सॉफ़्टवेयर का उपयोग विभिन्न कार्यों के लिए किया जा सकता है, जिनमें प्रमुख हैं :

1. **दस्तावेज़ निर्माण :** उपयोगकर्ता टाइपिंग सॉफ़्टवेयर का उपयोग कर हिन्दी में दस्तावेज़ बना सकते हैं। इसमें वर्ड प्रोसेसिंग, नोट्स लिखना, और रिपोर्ट तैयार करना शामिल है।

2. **संचार :** टाइपिंग सॉफ़्टवेयर के माध्यम से हिन्दी में ईमेल, संदेश, और चैटिंग करना आसान हो गया है। इससे हिन्दी भाषी उपयोगकर्ता आसानी से संवाद कर सकते हैं।
3. **सामाजिक मीडिया :** सोशल मीडिया प्लेटफार्म पर हिन्दी में पोस्ट और टिप्पणियाँ लिखने के लिए टाइपिंग सॉफ़्टवेयर का उपयोग किया जा सकता है।
4. **शिक्षा :** टाइपिंग सॉफ़्टवेयर छात्रों और शिक्षकों के लिए उपयोगी होते हैं। इससे वे हिन्दी में नोट्स, असाइनमेंट, और शैक्षिक सामग्री तैयार कर सकते हैं।
5. **ब्लॉगिंग और कंटेंट क्रिएशन :** ब्लॉगर्स और कंटेंट क्रिएटर्स टाइपिंग सॉफ़्टवेयर का उपयोग कर हिन्दी में लेख, ब्लॉग पोस्ट, और अन्य सामग्री लिख सकते हैं।

टाइपिंग सॉफ़्टवेयर के लाभ

टाइपिंग सॉफ़्टवेयर के कई लाभ हैं, जिनमें प्रमुख हैं:

1. **गति और दक्षता :** टाइपिंग सॉफ़्टवेयर से तेज़ी से और सटीक टाइपिंग की जा सकती है। इससे उपयोगकर्ता की कार्यक्षमता बढ़ती है।
2. **त्रुटि सुधार :** ये सॉफ़्टवेयर टाइपिंग के दौरान की गई त्रुटियों को तुरन्त सुधारने में मदद करते हैं। इससे लेखन की गुणवत्ता में सुधार होता है।
3. **अनुकूलन :** टाइपिंग सॉफ़्टवेयर को उपयोगकर्ता की आवश्यकताओं के अनुसार अनुकूलित किया जा सकता है। इससे उपयोगकर्ता का अनुभव बेहतर होता है।
4. **सीखने में आसानी :** टाइपिंग सॉफ़्टवेयर सीखने में सरल होते हैं और इनका उपयोग करना आसान होता है। इससे नए उपयोगकर्ता भी आसानी से इन्हें उपयोग कर सकते हैं।
5. **विविधता :** टाइपिंग सॉफ़्टवेयर विभिन्न भाषाओं और फॉन्ट्स का समर्थन करते हैं, जिससे उपयोगकर्ता अपनी पसंद के अनुसार लिख सकते हैं।

टाइपिंग सॉफ़्टवेयर की चुनौतियाँ

टाइपिंग सॉफ़्टवेयर के सामने कुछ चुनौतियाँ भी हैं, जिनमें प्रमुख हैं:

1. **इन्टरनेट की आवश्यकता :** कई ऑनलाइन टाइपिंग सॉफ़्टवेयर के लिए स्थिर इन्टरनेट कनेक्शन आवश्यक होता है, जो कि हर जगह उपलब्ध नहीं होता।

2. **तकनीकी समस्याएँ :** कभी-कभी टाइपिंग सॉफ़्टवेयर में तकनीकी समस्याएँ आ सकती हैं, जिससे कार्य में बाधा आती है।
3. **सुरक्षा चिन्ताएँ :** ऑनलाइन टाइपिंग सॉफ़्टवेयर का उपयोग करते समय सुरक्षा और गोपनीयता की चिन्ता बनी रहती है। उपयोगकर्ताओं को अपनी व्यक्तिगत जानकारी की सुरक्षा का ध्यान रखना चाहिए।
4. **सीमित फीचर्स :** कुछ टाइपिंग सॉफ़्टवेयर में सीमित फीचर्स होते हैं, जो कि उपयोगकर्ताओं की सभी आवश्यकताओं को पूरा नहीं कर पाते।
5. **अनुकूलता :** सभी टाइपिंग सॉफ़्टवेयर हर डिवाइस और ऑपरेटिंग सिस्टम के साथ संगत नहीं होते, जिससे उपयोगकर्ताओं को समस्याओं का सामना करना पड़ता है।

टाइपिंग सॉफ़्टवेयर का भविष्य

टाइपिंग सॉफ़्टवेयर का भविष्य उज्ज्वल है। नई तकनीकों और नवाचारों के साथ, ये सॉफ़्टवेयर और भी प्रभावी और उपयोगकर्ता-अनुकूल बनेंगे। आर्टिफिशियल इंटेलिजेंस (AI), मशीन लर्निंग, और नेचुरल लैंग्वेज प्रोसेसिंग (NLP) जैसी तकनीकों का उपयोग टाइपिंग सॉफ़्टवेयर को और भी उन्नत बनाएगा।

1. **आर्टिफिशियल इंटेलिजेंस (AI) :** Al के माध्यम से टाइपिंग सॉफ़्टवेयर और भी स्मार्ट और उपयोगकर्ता-अनुकूल बनेंगे। इससे उपयोगकर्ताओं को बेहतर सुझाव और त्रुटि सुधार प्राप्त होंगे।
2. **मशीन लर्निंग :** मशीन लर्निंग तकनीक से टाइपिंग सॉफ़्टवेयर की परफॉर्मेंस और उपयोगकर्ता अनुभव को बेहतर बनाया जा सकता है। इससे सामग्री की गुणवत्ता और सटीकता बढ़ेगी।
3. **नेचुरल लैंग्वेज प्रोसेसिंग (NLP)** : NLP तकनीक से टाइपिंग सॉफ़्टवेयर की भाषा समझ और प्रोसेसिंग और भी प्रभावी होगी। इससे अनुवाद, वॉयस रिकग्निशन, और अन्य सेवाओं में सुधार होगा।
4. **वॉइस टाइपिंग :** भविष्य में वॉइस टाइपिंग का उपयोग बढ़ेगा। इससे उपयोगकर्ता बोलकर टाइप कर सकेंगे और समय की बचत होगी।
5. **क्लाउड आधारित सॉफ़्टवेयर** : क्लाउड आधारित टाइपिंग सॉफ़्टवेयर का उपयोग बढ़ेगा, जिससे उपयोगकर्ता कहीं भी और किसी भी डिवाइस से अपनी सामग्री को एक्सेस कर सकेंगे।

अध्याय - 13

ऑनलाइन कीबोर्ड

डिजिटल युग में ऑनलाइन कीबोर्ड का महत्त्व तेज़ी से बढ़ रहा है। यह एक उपयोगी उपकरण है जो हमें विभिन्न भाषाओं में टाइप करने की सुविधा प्रदान करता है, विशेषकर जब हम फिजिकल कीबोर्ड का उपयोग नहीं कर सकते या जब हमें एक विशिष्ट भाषा में में लिखने की आवश्यकता होती है।

ऑनलाइन कीबोर्ड का महत्त्व

ऑनलाइन कीबोर्ड का महत्त्व कई कारणों से है:

1. **भाषाई विविधता :** ऑनलाइन कीबोर्ड विभिन्न भाषाओं में टाइप करने की सुविधा प्रदान करते हैं। यह उन उपयोगकर्ताओं के लिए विशेष रूप से महत्त्वपूर्ण है जो कई भाषाएँ जानते हैं या जिनकी मातृभाषा इन्टरनेट के प्रमुख भाषा से अलग है।
2. **सुलभता :** ऑनलाइन कीबोर्ड का उपयोग किसी भी डिवाइस पर किया जा सकता है जिसमें इन्टरनेट कनेक्शन हो। इसका मतलब है कि हमें

केवल एक ब्राउज़र की आवश्यकता होती है, और हम कहीं भी और किसी भी समय टाइप कर सकते हैं।

3. **सहजता :** ऑनलाइन कीबोर्ड उपयोग करने में आसान होते हैं और इनमें किसी विशेष सॉफ़्टवेयर की आवश्यकता नहीं होती। यह उन लोगों के लिए सुविधाजनक होता है जो तकनीकी जानकारी में कुशल नहीं हैं।

ऑनलाइन कीबोर्ड का उपयोग

ऑनलाइन कीबोर्ड का उपयोग कई प्रकार से किया जा सकता है:

1. **व्यक्तिगत संचार :** ईमेल, सोशल मीडिया, और मैसेजिंग प्लेटफ़ॉर्म पर ऑनलाइन कीबोर्ड का उपयोग कर हम अपनी भाषा में आसानी से संवाद कर सकते हैं।
2. **शैक्षिक उद्‌देश्यों :** छात्रों और शिक्षकों के लिए ऑनलाइन कीबोर्ड एक महत्त्वपूर्ण उपकरण है। इससे वे हिन्दी या अन्य भाषाओं में असाइनमेंट, नोट्स, और प्रोजेक्ट तैयार कर सकते हैं।
3. **व्यावसायिक कार्य :** ऑनलाइन कीबोर्ड का उपयोग करके विभिन्न व्यावसायिक दस्तावेज़ तैयार किए जा सकते हैं। यह विशेष रूप से उन पेशेवरों के लिए उपयोगी है जो बहुभाषी सामग्री के साथ काम करते हैं।
4. **ब्लॉगिंग और कंटेंट क्रिएशन :** ब्लॉगर्स और कंटेंट क्रिएटर्स ऑनलाइन कीबोर्ड का उपयोग कर अपनी सामग्री विभिन्न भाषाओं में तैयार कर सकते हैं। इससे वे व्यापक दर्शकों तक पहुँच सकते हैं।

ऑनलाइन कीबोर्ड के फायदे

ऑनलाइन कीबोर्ड के कई फायदे हैं, जिनमें प्रमुख हैं:

1. **लचीलापन :** ऑनलाइन कीबोर्ड किसी भी डिवाइस पर काम कर सकते हैं, चाहे वह कम्प्यूटर हो, टैबलेट हो या स्मार्टफोन। इससे उपयोगकर्ताओं को अधिक लचीलापन मिलता है।
2. **विभिन्न भाषाओं का समर्थन :** अधिकांश ऑनलाइन कीबोर्ड विभिन्न भाषाओं का समर्थन करते हैं। इससे उपयोगकर्ता अपनी पसंद की भाषा में लिख सकते हैं।
3. **आसान अनुकूलन :** कई ऑनलाइन कीबोर्ड में अनुकूलन की सुविधा होती है, जिससे उपयोगकर्ता अपने टाइपिंग अनुभव को अपनी आवश्यकताओं के अनुसार बदल सकते हैं।

4. **कोई इंस्टॉलेशन आवश्यक नहीं :** ऑनलाइन कीबोर्ड को उपयोग करने के लिए किसी सॉफ़्टवेयर को इंस्टॉल करने की आवश्यकता नहीं होती। यह तुरन्त ब्राउज़र में काम करता है।

ऑनलाइन कीबोर्ड की चुनौतियाँ

ऑनलाइन कीबोर्ड के उपयोग में कुछ चुनौतियाँ भी हैं:

1. **सुरक्षा और गोपनीयता :** ऑनलाइन कीबोर्ड का उपयोग करते समय सुरक्षा और गोपनीयता एक महत्त्वपूर्ण मुद्दा हो सकता है। यदि कीबोर्ड सुरक्षित नहीं है, तो टाइप की गई जानकारी लीक हो सकती है।
2. **इन्टरनेट कनेक्टिविटी :** ऑनलाइन कीबोर्ड के उपयोग के लिए स्थिर इन्टरनेट कनेक्शन आवश्यक होता है। बिना इन्टरनेट के, यह उपकरण काम नहीं करेगा।
3. **यूज़र इंटरफेस की जटिलता :** कुछ ऑनलाइन कीबोर्ड का इंटरफेस जटिल हो सकता है, जिससे नए उपयोगकर्ताओं को इसे समझने और उपयोग करने में कठिनाई हो सकती है।
4. **स्पीड और रिस्पॉन्सिवनेस :** कभी-कभी ऑनलाइन कीबोर्ड का रिस्पॉन्स टाइम धीमा हो सकता है, खासकर जब इन्टरनेट कनेक्शन धीमा हो या सर्वर पर लोड अधिक हो।

ऑनलाइन कीबोर्ड के प्रकार

ऑनलाइन कीबोर्ड कई प्रकार के होते हैं:

1. **वर्चुअल कीबोर्ड :** यह कीबोर्ड स्क्रीन पर प्रदर्शित होता है और उपयोगकर्ता माउस या टचस्क्रीन का उपयोग करके टाइप कर सकते हैं।
2. **फिजिकल कीबोर्ड के लिए सपोर्ट :** कुछ ऑनलाइन कीबोर्ड फिजिकल कीबोर्ड का समर्थन करते हैं और उपयोगकर्ता फिजिकल कीबोर्ड का उपयोग करके विभिन्न भाषाओं में टाइप कर सकते हैं।
3. **भाषा-विशिष्ट कीबोर्ड :** ये कीबोर्ड विशेष रूप से किसी एक भाषा के लिए डिज़ाइन किए गए होते हैं और उसमें टाइप करने में मदद करते हैं।
4. **मल्टी-लैंग्वेज कीबोर्ड :** ये कीबोर्ड कई भाषाओं को सपोर्ट करते हैं और उपयोगकर्ता एक ही कीबोर्ड से विभिन्न भाषाओं में टाइप कर सकते हैं।

ऑनलाइन कीबोर्ड का भविष्य

नई तकनीकों और नवाचारों के साथ, ये और भी उपयोगकर्ता - अनुकूल और प्रभावी बनेंगे :

1. **आर्टिफिशियल इंटेलिजेंस (AI)** : AI के माध्यम से ऑनलाइन कीबोर्ड और भी स्मार्ट और उत्तरदायी बनेंगे। यह उपयोगकर्ता के टाइपिंग पैटर्न को समझकर बेहतर सुझाव और सुधार प्रदान करेगा।
2. **क्लाउड टेक्नोलॉजी :** क्लाउड बेस्ड कीबोर्ड से उपयोगकर्ता अपने कीबोर्ड सेटिंग्स और प्रिफरेंस को क्लाउड में स्टोर कर सकते हैं, जिससे किसी भी डिवाइस पर उनका उपयोग करना आसान हो जाएगा।
3. **वॉइस टाइपिंग :** भविष्य में वॉइस टाइपिंग का उपयोग बढ़ेगा, जिससे उपयोगकर्ता बोलकर टाइप कर सकेंगे और टाइपिंग की गति बढ़ेगी।
4. **इमर्सिव टेक्नोलॉजी :** ऑगमेंटेड रियलिटी (AR) और वर्चुअल रियलिटी (VR) तकनीकों के साथ, ऑनलाइन कीबोर्ड का उपयोग और भी इंटरैक्टिव और प्रभावशाली हो सकता है।

अध्याय - 14

वेबसाइट्स

आज की डिजिटल दुनिया में वेबसाइट्स का महत्त्वपूर्ण स्थान है। वेबसाइट्स न केवल जानकारी का स्रोत हैं, बल्कि व्यवसाय, शिक्षा, मनोरंजन, और संचार का प्रमुख माध्यम भी बन चुकी हैं।

वेबसाइट्स इन्टरनेट पर मौजूद वेब पेजों का एक संग्रह होती हैं जो किसी विशेष उद्देश्य के लिए बनाई जाती हैं। प्रत्येक वेबसाइट का एक यूनिक वेब एड्रेस (URL) होता है, जिसके माध्यम से उसे एक्सेस किया जा सकता है।

1. वेबसाइट्स के प्रकार :

वेबसाइट्स को उनके उद्देश्य और सामग्री के आधार पर विभिन्न प्रकारों में विभाजित किया जा सकता है :

- **सूचनात्मक वेबसाइट्स :** ये वेबसाइट्स जानकारी प्रदान करती हैं। उदाहरण के लिए, विकिपीडिया एक प्रमुख सूचनात्मक वेबसाइट है।
- **व्यावसायिक वेबसाइट्स :** ये वेबसाइट्स व्यवसाय और व्यापार के

लिए बनाई जाती हैं। इनका उद्देश्य उत्पादों और सेवाओं का प्रचार और बिक्री करना होता है।

- **शैक्षिक वेबसाइट्स :** ये वेबसाइट्स शिक्षा से सम्बन्धित सामग्री प्रदान करती हैं। जैसे कि ऑनलाइन कोर्स और शैक्षिक संस्थानों की वेबसाइट्स।
- **मनोरंजन वेबसाइट्स :** ये वेबसाइट्स मनोरंजन से सम्बन्धित होती हैं। इनमें मूवी, म्यूजिक, गेम्स, आदि शामिल होते हैं।
- **सामाजिक नेटवर्किंग वेबसाइट्स :** ये वेबसाइट्स लोगों को आपस में जोड़ने और बातचीत करने का मंच प्रदान करती हैं। जैसे कि फेसबुक और ट्विटर।
- **ई-कॉमर्स वेबसाइट्स :** ये वेबसाइट्स ऑनलाइन शॉपिंग की सुविधा प्रदान करती हैं। जैसे कि अमेज़न और फ्लिपकार्ट।

वेबसाइट्स का महत्त्व

वेबसाइट्स का हमारे जीवन में बहुत महत्त्व है। यह न केवल व्यक्तिगत बल्कि व्यवसायिक और शैक्षिक उद्देश्यों के लिए भी महत्त्वपूर्ण हैं।

1. सूचना का स्त्रोत :

- वेबसाइट्स ताजातरीन और व्यापक जानकारी का स्त्रोत हैं। लोग विभिन्न विषयों पर जानकारी प्राप्त करने के लिए वेबसाइट्स का उपयोग करते हैं।

2. संचार का माध्यम :

- वेबसाइट्स के माध्यम से लोग एक-दूसरे से संवाद कर सकते हैं। ब्लॉग, फोरम, और सोशल मीडिया वेबसाइट्स इसके प्रमुख उदाहरण हैं।

3. व्यवसाय का विस्तार :

- व्यवसायिक वेबसाइट्स कंपनियों को अपने उत्पादों और सेवाओं का प्रचार और बिक्री करने का अवसर प्रदान करती हैं। यह वैश्विक बाजार तक पहुँच बनाने में मदद करती हैं।

4. शिक्षा और सीखना :

- शैक्षिक वेबसाइट्स छात्रों और शिक्षकों को ऑनलाइन पाठ्यक्रम, अध्ययन सामग्री, और अन्य शैक्षिक संसाधनों की सुविधा प्रदान करती हैं।

5. मनोरंजन का साधन :

- मनोरंजन वेबसाइट्स लोगों को वीडियो, संगीत, और गेम्स का आनन्द लेने का अवसर प्रदान करती हैं। यह तनावमुक्ति और मनोरंजन का प्रमुख साधन बन चुकी हैं।

वेबसाइट्स कैसे बनती हैं?

वेबसाइट बनाने की प्रक्रिया को वेब डेवलपमेंट कहा जाता है। इसमें विभिन्न तकनीकों और उपकरणों का उपयोग किया जाता है।

1. डोमेन नाम पंजीकरण :

- सबसे पहले, वेबसाइट के लिए एक यूनिक डोमेन नाम पंजीकृत किया जाता है। यह वेबसाइट का पता होता है जिसे लोग ब्राउज़र में टाइप करके एक्सेस करते हैं।

2. वेब होस्टिंग :

- वेब होस्टिंग वह सेवा है जहाँ वेबसाइट की फाइलें और डेटा स्टोर किए जाते हैं। एक अच्छी होस्टिंग सेवा वेबसाइट की गति और उपलब्धता को सुनिश्चित करती है।

3. वेबसाइट डिजाइन :

- वेबसाइट का डिज़ाइन उसकी संरचना और दिखावट को निर्धारित करता है। इसमें उपयोगकर्ता अनुभव (UX) और उपयोगकर्ता इंटरफ़ेस (UI) का ध्यान रखा जाता है।

4. वेब डेवलपमेंट :

- वेब डेवलपमेंट में वेबसाइट की प्रोग्रामिंग और कोडिंग शामिल है। HTML, CSS, JavaScript, और अन्य प्रोग्रामिंग भाषाओं का उपयोग किया जाता है।

5. सामग्री निर्माण :

- वेबसाइट पर सामग्री डालना एक महत्त्वपूर्ण चरण है। इसमें लेख, तस्वीरें, वीडियो, और अन्य मीडिया शामिल होते हैं।

6. परीक्षण और लॉन्च :

- वेबसाइट को लॉन्च करने से पहले उसका परीक्षण किया जाता है। सभी फंक्शन और लिंक की जांच की जाती है ताकि कोई त्रुटि न हो।

वेबसाइट्स का भविष्य

वेबसाइट्स का भविष्य उज्ज्वल है और यह लगातार विकसित हो रही हैं। नई तकनीकों और उपकरणों के आगमन से वेबसाइट्स और भी अधिक इंटरएक्टिव और उपयोगकर्ता के अनुकूल बन रही हैं।

1. आर्टिफिशियल इंटेलिजेंस (AI) :

- AI का उपयोग वेबसाइट्स में होशियार चैटबॉट्स और पर्सनलाइज्ड अनुभव प्रदान करने के लिए हो रहा है। यह उपयोगकर्ताओं के अनुभव को और भी बेहतर बनाएगा।

2. वॉयस सर्च :

- वॉयस सर्च तकनीक का उपयोग वेबसाइट्स में बढ़ता जा रहा है। लोग अपनी आवाज के माध्यम से जानकारी खोज सकते हैं।

3. प्रगतिशील वेब एप्लिकेशन (PWA):

- PWA एक नई तकनीक है जो वेबसाइट्स को मोबाइल एप्लिकेशन की तरह फंक्शनल बनाती है। यह तेज़, सुरक्षित और उपयोगकर्ता के अनुकूल होती हैं।

4. वेब 3.0 :

- वेब 3.0 का आगमन इन्टरनेट की तीसरी पीढ़ी का संकेत है। इसमें ब्लॉकचेन, डीसेंट्रलाइजेशन, और स्मार्ट कॉन्ट्रैक्ट्स जैसी तकनीकों का उपयोग किया जाएगा।

वेबसाइट्स का उपयोग कैसे करें ?

वेबसाइट्स का सही उपयोग हमें अधिक सूचित और कनेक्टेड बनाता है। यहाँ कुछ सुझाव दिए गए हैं कि वेबसाइट्स का उपयोग कैसे करें :

1. सत्यापित स्रोतों से जानकारी प्राप्त करें :

- केवल विश्वसनीय और सत्यापित वेबसाइट्स से ही जानकारी प्राप्त करें। फेक न्यूज़ और गलत जानकारी से बचें।

2. सुरक्षित ब्राउज़िंग करें :

- केवल सुरक्षित वेबसाइट्स पर ही ब्राउज़ करें। https:// से शुरू होने वाले वेबसाइट्स अधिक सुरक्षित होते हैं।

3. अपनी प्राइवेसी का ध्यान रखें :

- वेबसाइट्स पर अपनी व्यक्तिगत जानकारी साझा करते समय सावधानी बरतें। केवल आवश्यक जानकारी ही साझा करें।

4. सामाजिक नेटवर्किंग साइट्स का सही उपयोग करें :

- सोशल मीडिया वेबसाइट्स का उपयोग करते समय अपने व्यवहार और शब्दों का ध्यान रखें। सकारात्मक और स्वस्थ संवाद बनाए रखें।

5. ऑनलाइन खरीदारी करते समय सतर्क रहें :

- ई-कॉमर्स वेबसाइट्स से खरीदारी करते समय वेबसाइट की विश्वसनीयता की जांच करें। पेमेंट करते समय सुरक्षित मोड का उपयोग करें।

अध्याय - 15

ऐप्स

आज की डिजिटल दुनिया में ऐप्स का बहुत बड़ा योगदान है। स्मार्टफोन और टैबलेट के उपयोग में वृद्धि के साथ, ऐप्स हमारे दैनिक जीवन का अभिन्न हिस्सा बन गए हैं।

ऐप्स का परिचय

ऐप्स, जिन्हें एप्लिकेशन सॉफ़्टवेयर भी कहा जाता है, ऐसे प्रोग्राम होते हैं जो विशेष कार्यों को पूरा करने के लिए डिज़ाइन किए जाते हैं। ये कम्प्यूटर, स्मार्टफोन, टैबलेट और अन्य इलेक्ट्रॉनिक उपकरणों पर काम करते हैं।

मोबाइल ऐप्स प्रायः 'ऐप्स वितरण प्लेटफॉर्म' के माध्यम से उपलब्ध होते हैं। इसकी शुरुवात 2008 में हुई थी। ऐपल ऐप स्टोर, गूगल प्ले, विण्डोज़ फोन स्टोर तथा ब्लैकबेरी ऐप वर्ल्ड आदि कुछ प्रमुख ऐप्स वितरण प्लेटफॉर्म हैं। कुछ ऐप निःशुल्क मिलते हैं जबकि अन्य को खरीदना पड़ता है।

1. ऐप्स के प्रकार :

ऐप्स को उनके उद्देश्य और उपयोग के आधार पर विभिन्न प्रकारों में विभाजित किया जा सकता है :

- **सामाजिक नेटवर्किंग ऐप्स :** जैसे कि फेसबुक, ट्विटर, इंस्टाग्राम, जो लोगों को आपस में जोड़ने और बातचीत करने का मंच प्रदान करते हैं।
- **मैसेजिंग ऐप्स :** जैसे कि व्हाट्सएप, टेलीग्राम, जो त्वरित संदेश और कॉल की सुविधा प्रदान करते हैं।
- **मनोरंजन ऐप्स :** जैसे कि यूट्यूब, नेटफ्लिक्स, जो वीडियो, फिल्में, और म्यूजिक का आनन्द लेने की सुविधा देते हैं।
- **शॉपिंग ऐप्स :** जैसे कि अमेजन, फ्लिपकार्ट, जो ऑनलाइन शॉपिंग की सुविधा प्रदान करते हैं।
- **शैक्षिक ऐप्स :** जैसे कि बायजू खान अकादमी, जो छात्रों को अध्ययन सामग्री और ऑनलाइन कोर्स की सुविधा प्रदान करते हैं।
- **स्वास्थ्य और फिटनेस ऐप्स :** जैसे कि मायफिटनेसपाल, फिटबिट, जो स्वास्थ्य और फिटनेस ट्रैकिंग की सुविधा प्रदान करते हैं।
- **बैंकिंग और वित्तीय ऐप्स :** जैसे कि पेटीएम, गूगल पे, जो ऑनलाइन बैंकिंग और भुगतान की सुविधा देते हैं।

ऐप्स का महत्त्व

ऐप्स का हमारे जीवन में बहुत महत्त्व है। यह न केवल हमारे कार्यों को सरल और सुविधाजनक बनाते हैं, बल्कि विभिन्न क्षेत्रों में भी महत्त्वपूर्ण भूमिका निभाते हैं।

1. संचार और सम्पर्क :

- सोशल नेटवर्किंग और मैसेजिंग ऐप्स के माध्यम से लोग आसानी से एक-दूसरे से सम्पर्क कर सकते हैं। यह त्वरित और प्रभावी संचार का साधन है।

2. मनोरंजन का साधन :

- मनोरंजन ऐप्स के माध्यम से लोग अपने पसंदीदा वीडियो, फिल्में, और म्यूजिक का आनन्द ले सकते हैं। यह तनावमुक्ति और मनोरंजन का प्रमुख साधन बन चुका है।

3. शॉपिंग और खरीदारी :

- शॉपिंग ऐप्स के माध्यम से लोग आसानी से अपने मनपसंद उत्पादों की खरीदारी कर सकते हैं। यह समय और मेहनत दोनों की बचत करता है।

4. शिक्षा और सीखना :

- शैक्षिक ऐप्स छात्रों और शिक्षकों को ऑनलाइन पाठ्यक्रम, अध्ययन सामग्री, और अन्य शैक्षिक संसाधनों की सुविधा प्रदान करते हैं। यह शिक्षा के क्षेत्र में क्रान्ति ला चुका है।

5. स्वास्थ्य और फिटनेस :

- स्वास्थ्य और फिटनेस ऐप्स लोगों को अपने स्वास्थ्य और फिटनेस की निगरानी करने में मदद करते हैं। यह स्वस्थ जीवनशैली को बढ़ावा देता है।

6. बैंकिंग और वित्तीय प्रबंधन :

- बैंकिंग और वित्तीय ऐप्स के माध्यम से लोग अपने बैंक खाते की जांच, पैसे का ट्रांसफर, और बिलों का भुगतान कर सकते हैं। यह वित्तीय कार्यों को सरल और सुरक्षित बनाता है।

ऐप्स कैसे काम करते हैं?

ऐप्स का काम करना एक जटिल प्रक्रिया होती है, जिसमें विभिन्न तकनीकों और उपकरणों का उपयोग किया जाता है।

1. डिजाइन और विकास :

- सबसे पहले, ऐप्स का डिज़ाइन और विकास किया जाता है। इसमें यूजर इंटरफेस (UI) और यूजर एक्सपीरियंस (UX) का ध्यान रखा जाता है।

2. प्रोग्रामिंग और कोडिंग :

- ऐप्स की प्रोग्रामिंग और कोडिंग की जाती है। इसमें विभिन्न प्रोग्रामिंग भाषाओं का उपयोग किया जाता है जैसे कि जावा, स्विफ्ट, और पायथन।

3. परीक्षण और डिबगिंग :

- ऐप्स को लॉन्च करने से पहले उनका परीक्षण और डिबगिंग किया जाता है।

इसमें सभी फंक्शन और फीचर्स की जांच की जाती है ताकि कोई त्रुटि न हो।

4. **लॉन्च और अपडेट्स :**

- ऐप्स को ऐप स्टोर या प्ले स्टोर पर लॉन्च किया जाता है। समय- समय पर अपडेट्स और सुधार जारी किए जाते हैं ताकि उपयोगकर्ताओं को बेहतर अनुभव प्राप्त हो।

ऐप्स का भविष्य

ऐप्स का भविष्य उज्ज्वल है और यह लगातार विकसित हो रहे हैं। नई तकनीकों और उपकरणों के आगमन से ऐप्स और भी अधिक इंटरएक्टिव और उपयोगकर्ता के अनुकूल बन रहे हैं।

1. **आर्टिफिशियल इंटेलिजेंस** (AI) **:**

- AI का उपयोग ऐप्स में होशियार चैटबॉट्स और पर्सनलाइज्ड अनुभव प्रदान करने के लिए हो रहा है। यह उपयोगकर्ताओं के अनुभव को और भी बेहतर बनाएगा।

2. **वॉयस असिस्टेंट्स :**

- वॉयस असिस्टेंट्स जैसे कि सिरी, गूगल असिस्टेंट, और एलेक्सा का उपयोग बढ़ता जा रहा है। लोग अपनी आवाज के माध्यम से ऐप्स को नियन्त्रित कर सकते हैं।

3. **वर्चुअल और ऑगमेंटेड रियलिटी :**

- वर्चुअल और ऑगमेंटेड रियलिटी तकनीक का उपयोग ऐप्स में किया जा रहा है। यह मनोरंजन, शिक्षा, और व्यापार में नई संभावनाएं प्रदान कर रहा है।

4. **इन्टरनेट ऑफ थिंग्स** (IoT) **:**

- IoT का उपयोग स्मार्ट होम और स्मार्ट डिवाइसों में किया जा रहा है। ऐप्स के माध्यम से लोग अपने घर के उपकरणों को नियन्त्रित कर सकते हैं।

ऐप्स का उपयोग कैसे करें?

ऐप्स का सही उपयोग हमें अधिक सूचित और कनेक्टेड बनाता है। यहाँ कुछ सुझाव दिए गए हैं कि ऐप्स का उपयोग कैसे करें :

1. **सत्यापित स्रोतों से ऐप्स डाउनलोड करें :**
   - केवल विश्वसनीय और सत्यापित ऐप स्टोर से ही ऐप्स डाउनलोड करें। फेक ऐप्स और मालवेयर से बचें।
2. **सुरक्षित ब्राउज़िंग करें :**
   - केवल सुरक्षित ऐप्स का उपयोग करें। ऐप्स की प्राइवेसी पॉलिसी और परमिशन की जांच करें।
3. **अपनी प्राइवेसी का ध्यान रखें :**
   - ऐप्स पर अपनी व्यक्तिगत जानकारी साझा करते समय सावधानी बरतें। केवल आवश्यक जानकारी ही साझा करें।
4. **अपडेट्स का ध्यान रखें :**
   - ऐप्स को समय-समय पर अपडेट करें ताकि नए फीचर्स और सुरक्षा सुधार प्राप्त हो सकें।

अध्याय - 16

ई-हिन्दी का महत्त्व और संभावनाएँ

डिजिटल युग में हिन्दी भाषा का प्रसार और महत्त्व दिन-ब-दिन बढ़ता जा रहा है। इन्टरनेट और डिजिटल प्लेटफॉर्म ने हिन्दी भाषा को एक नया आयाम दिया है। ई-हिन्दी ने हिन्दी भाषियों को न केवल अपनी भाषा में जानकारी प्राप्त करने का अवसर दिया है, बल्कि इसे वैश्विक स्तर पर भी पहुँचाया है।

ई-हिन्दी का परिचय

ई-हिन्दी का मतलब है इन्टरनेट और डिजिटल प्लेटफॉर्म पर हिन्दी भाषा का उपयोग। इसमें हिन्दी में लिखी गई वेबसाइटें, ब्लॉग, सोशल मीडिया पोस्ट, ऑनलाइन कोर्स, और अन्य डिजिटल सामग्री शामिल हैं। ई-हिन्दी ने हिन्दी भाषियों को अपने विचार और जानकारी साझा करने का एक नया मंच प्रदान किया है।

ई-हिन्दी का महत्त्व

ई-हिन्दी के कई महत्त्वपूर्ण पहलू हैं, जिनमें प्रमुख हैं:

1. **भाषाई पहुँच :** ई-हिन्दी ने हिन्दी भाषियों के लिए इन्टरनेट की पहुँच को

आसान बना दिया है। अब वे अपनी भाषा में जानकारी प्राप्त कर सकते हैं और अपनी भाषा में ही संवाद कर सकते हैं।

2. **संस्कृति का प्रसार :** ई-हिन्दी ने भारतीय संस्कृति और परंपराओं को वैश्विक स्तर पर प्रसारित करने में महत्त्वपूर्ण भूमिका निभाई है। अब हम अपनी संस्कृति और परंपराओं को दुनिया के किसी भी कोने में साझा कर सकते हैं।
3. **शिक्षा और ज्ञान का प्रसार :** ई-हिन्दी ने शिक्षा और ज्ञान के प्रसार को बढ़ावा दिया है। अब हिन्दी भाषी छात्र इन्टरनेट के माध्यम से उच्च गुणवत्ता वाली शिक्षा प्राप्त कर सकते हैं और अपने ज्ञान को बढ़ा सकते हैं।
4. **व्यवसाय और रोजगार के अवसर :** ई-हिन्दी ने व्यवसाय और रोजगार के नए अवसर पैदा किए हैं। अब हिन्दी में कंटेंट क्रिएटर, ब्लॉगर, और डिजिटल मार्केटिंग विशेषज्ञ जैसे प्रोफेशनल्स के लिए नए दरवाजे खुल गए हैं।

ई-हिन्दी के उदाहरण

ई - हिन्दी के कई उदाहरण हैं, जो इसके महत्त्व और प्रभाव को दर्शाते हैं:

1. **वेबसाइटें और ब्लॉग :** कई वेबसाइटें और ब्लॉग हिन्दी में उपलब्ध हैं, जो विभिन्न विषयों पर जानकारी प्रदान करते हैं। जैसे कि हिन्दी न्यूज़ पोर्टल, शैक्षिक वेबसाइटें, और टेक्नोलॉजी ब्लॉग।
2. **सोशल मीडिया सोशल मीडिया :** प्लेटफॉर्म जैसे फेसबुक, ट्विटर, और इंस्टाग्राम पर हिन्दी में कंटेंट साझा किया जाता है। इससे हिन्दी भाषी लोग अपनी भाषा में संवाद कर सकते हैं और अपने विचार साझा कर सकते हैं।
3. **ऑनलाइन कोर्स और वेबिनार :** कई ऑनलाइन प्लेटफॉर्म हिन्दी में कोर्स और वेबिनार प्रदान करते हैं। इससे हिन्दी भाषी छात्र अपनी भाषा में उच्च गुणवत्ता वाली शिक्षा प्राप्त कर सकते हैं।
4. **यूट्यूब चैनल :** यूट्यूब पर कई हिन्दी चैनल उपलब्ध हैं, जो विभिन्न विषयों पर वीडियो सामग्री प्रदान करते हैं। जैसे कि शिक्षा, मनोरंजन, तकनीकी ज्ञान, और स्वास्थ्य सम्बन्धित चैनल।

ई-हिन्दी के लाभ

ई-हिन्दी के कई लाभ हैं, जिनमें प्रमुख हैं:

1. **भाषाई समानता :** ई-हिन्दी ने भाषाई समानता को बढ़ावा दिया है। अब हिन्दी भाषी लोग अपनी भाषा में जानकारी प्राप्त कर सकते हैं और अपनी भाषा में ही संवाद कर सकते हैं।
2. **सुलभता :** ई-हिन्दी ने इन्टरनेट की सुलभता को बढ़ाया है। अब ग्रामीण और दूरदराज के क्षेत्रों के लोग भी इन्टरनेट का उपयोग कर सकते हैं और अपनी भाषा में जानकारी प्राप्त कर सकते हैं।
3. **संस्कृति और परम्पराओं का संरक्षण :** ई-हिन्दी ने भारतीय संस्कृति और परंपराओं का संरक्षण किया है। अब हम अपनी संस्कृति और परंपराओं को वैश्विक स्तर पर साझा कर सकते हैं और उन्हें सुरक्षित रख सकते हैं।
4. **रोजगार के अवसर :** ई-हिन्दी ने व्यवसाय और रोजगार के नए अवसर पैदा किए हैं। अब हिन्दी में कंटेंट क्रिएटर, ब्लॉगर, और डिजिटल मार्केटिंग विशेषज्ञ जैसे प्रोफेशनल्स के लिए नए दरवाजे खुल गए हैं।

ई - हिन्दी के सामने चुनौतियाँ

ई-हिन्दी के कई लाभों के बावजूद, इसके सामने कुछ चुनौतियाँ भी हैं:

1. **तकनीकी अवसंरचना :** ग्रामीण और दूरदराज के क्षेत्रों में इन्टरनेट और तकनीकी सेवाओं की उपलब्धता सुनिश्चित करना एक बड़ी चुनौती है।
2. **साइबर सुरक्षा :** इन्टरनेट पर हिन्दी कंटेंट की सुरक्षा और प्रामाणिकता सुनिश्चित करना एक महत्त्वपूर्ण मुद्दा है। इसके लिए हमें साइबर सुरक्षा के मजबूत उपायों की आवश्यकता है।
3. **भाषाई विविधता :** हिन्दी भाषा की विभिन्न बोलियों और लहजों का ध्यान रखना भी एक चुनौती है। इसके लिए हमें एक मानकीकृत हिन्दी का विकास करना होगा, जो सभी हिन्दी भाषियों को समझ में आ सके।
4. **शैक्षिक सामग्री की कमी :** हिन्दी में उच्च गुणवत्ता वाली शैक्षिक सामग्री की कमी है। इसके लिए हमें अधिक से अधिक शैक्षिक सामग्री का हिन्दी में अनुवाद और विकास करना होगा।

ई-हिन्दी के भविष्य की संभावनाएँ

ई-हिन्दी का भविष्य बहुत उज्ज्वल है। नई तकनीकों के विकास के साथ, ई-हिन्दी और भी सशक्त और प्रभावी बनेगी। आर्टिफिशियल इंटेलिजेंस (AI), मशीन लर्निंग, और नेचुरल लैंग्वेज प्रोसेसिंग (NLP) जैसी तकनीकों का उपयोग ई-हिन्दी को और भी उन्नत बनाएगा।

1. **आर्टिफिशियल इंटेलिजेंस (AI) :** Al के माध्यम से हिन्दी में संवाद और सूचना के आदान-प्रदान को और भी स्मार्ट और कुशल बनाया जा सकता है। AI आधारित चैटबॉट्स और वर्चुअल असिस्टेंट्स से संवाद प्रक्रिया तेज़ और सटीक होगी।
2. **मशीन लर्निंग :** मशीन लर्निंग तकनीक से हिन्दी भाषा की पहचान और समझ में सुधार किया जा सकता है। इससे अनुवाद और संवाद की गुणवत्ता बढ़ेगी।
3. **नेचुरल लैंग्वेज प्रोसेसिंग (NLP) :** NLP तकनीक से हिन्दी भाषा में संवाद और जानकारी की प्रोसेसिंग को और भी सटीक और प्रभावी बनाया जा सकता है। इससे हिन्दी में लिखे गए कंटेंट की गुणवत्ता बढ़ेगी।

अध्याय - 17

हिन्दी में सामग्री निर्माण की तकनीकें

डिजिटल युग में, सामग्री निर्माण एक महत्त्वपूर्ण कार्य बन गया है। हिन्दी में सामग्री निर्माण करने के लिए विशेष तकनीकों और तरीकों का उपयोग किया जाता है। सामग्री निर्माण एक प्रक्रिया है जिसमें समय, प्रयास और समर्पण लगता है। सामग्री निर्माण ब्लॉग पोस्ट बनाने जितना आसान या कोई डॉक्यूमेंट्री बनाने जितना मुश्किल भी हो सकता है। आपकी रचना चाहे जो भी हो, यह विचार करना सबसे अच्छा होगा कि आप किस बारे में लिखना चाहते हैं। एक बात का ध्यान रखना बहुत ज़रूरी है कि सामग्री निर्माण में केवल लिखने से कहीं ज़्यादा चीजे शामिल है। content creation research, planning, organizing और editing भी प्रदान करता है।

सामग्री निर्माण का महत्त्व

आज के समय में, सामग्री का प्रभावी और रोचक होना आवश्यक है। सही सामग्री न केवल पाठकों को आकर्षित करती है बल्कि उन्हें महत्त्वपूर्ण जानकारी भी प्रदान

करती है। हिन्दी में सामग्री निर्माण का महत्त्व इसलिए भी बढ़ जाता है क्योंकि यह भाषा लाखों लोगों द्वारा बोली और पढ़ी जाती है।

1. पाठकों का ध्यान खींचना :

- सामग्री का उद्देश्य पाठकों का ध्यान खींचना और उन्हें रुचि बनाये रखना होता है। सही तकनीकें अपनाकर हम इस उद्देश्य को प्राप्त कर सकते हैं।

2. सूचना का प्रसार :

- सही सामग्री के माध्यम से हम महत्त्वपूर्ण और सटीक जानकारी का प्रसार कर सकते हैं।

3. विचारों का आदान-प्रदान :

- सामग्री निर्माण के माध्यम से हम अपने विचार और अनुभव साझा कर सकते हैं, जिससे एक स्वस्थ संवाद की स्थापना होती है।

सामग्री निर्माण की तकनीकें

हिन्दी में सामग्री निर्माण करने के लिए कई तकनीकों का उपयोग किया जा सकता है। इनमें से कुछ प्रमुख तकनीकें निम्नलिखित हैं:

1. शीर्षक और सबहेडिंग का महत्त्व:

- **शीर्षक :**

  शीर्षक का चयन करते समय ध्यान रखें कि यह आकर्षक और सामग्री के सार को संक्षेप में प्रस्तुत करता हो। एक अच्छा शीर्षक पाठकों का ध्यान खींचता है और उन्हें सामग्री पढ़ने के लिए प्रेरित करता है।

- **सबहेडिंग :**

  सामग्री को उपशीर्षकों में विभाजित करना आवश्यक है। इससे पाठकों को सामग्री को समझने और पढ़ने में आसानी होती है। उपशीर्षक भी आकर्षक और स्पष्ट होने चाहिए।

2. भाषा का सरल और स्पष्ट होना:

- **सरल भाषा :**

  सामग्री लिखते समय भाषा का सरल और स्पष्ट होना आवश्यक है। जटिल और कठिन शब्दों का उपयोग न करें, इससे पाठक भ्रमित हो सकते हैं।

- **सही व्याकरण :**
  व्याकरण की सही जानकारी होना आवश्यक है। गलत व्याकरण से सामग्री की विश्वसनीयता कम हो जाती है।

3. उदाहरण और कहानियों का उपयोग:

- **उदाहरण :**
  सामग्री को रोचक और समझने योग्य बनाने के लिए उदाहरणों का उपयोग करें। उदाहरण पाठकों को जानकारी को बेहतर तरीके से समझने में मदद करते हैं।
- **कहानियां :**
  कहानियां पाठकों का ध्यान खींचने और उन्हें सामग्री के साथ जोड़ने में मदद करती हैं। कहानियों के माध्यम से आप अपने विचारों को प्रभावी तरीके से प्रस्तुत कर सकते हैं।

4. मल्टीमीडिया तत्वों का समावेश:

- **चित्र :**
  सामग्री में चित्रों का समावेश करें। चित्र न केवल सामग्री को रोचक बनाते हैं बल्कि जानकारी को स्पष्ट रूप से प्रस्तुत भी करते हैं।
- **वीडियो :**
  वीडियो भी एक प्रभावी माध्यम है। वीडियो के माध्यम से आप जटिल जानकारी को सरल और रोचक तरीके से प्रस्तुत कर सकते हैं।
- **इन्फोग्राफिक्स :**
  इन्फोग्राफिक्स के माध्यम से जानकारी को संक्षेप और आकर्षक रूप में प्रस्तुत किया जा सकता है। यह पाठकों के लिए जानकारी को जल्दी समझने में मदद करते हैं।

5. शोध और तथ्यात्मक सामग्री:

- शोध आधारित लेखन :
  सामग्री को विश्वसनीय बनाने के लिए शोध और तथ्यात्मक जानकारी का उपयोग करें। तथ्यों और आंकड़ों का सही उपयोग सामग्री की गुणवत्ता को बढ़ाता है।

- **स्त्रोतों का उल्लेख :**
  सामग्री में उपयोग की गई जानकारी के स्त्रोतों का उल्लेख करना आवश्यक है। इससे पाठकों को जानकारी की सत्यता का भरोसा होता है।

6. संवादात्मक शैली:

- **संवादात्मक लेखन :**
  सामग्री को संवादात्मक शैली में लिखें। इससे पाठकों को ऐसा महसूस होता है कि वे सीधे लेखक से संवाद कर रहे हैं।
- **प्रश्न-उत्तर :**
  सामग्री में प्रश्न-उत्तर का समावेश क़रें। इससे पाठकों की रुचि बढ़ती है और वे जानकारी को बेहतर तरीके से समझ सकते हैं।

7. SEO (सर्च इंजन ऑप्टिमाइजेशन):

- **कीवर्ड का उपयोग :**
  सामग्री में सही कीवर्ड का उपयोग करें। इससे सामग्री सर्च इंजन में आसानी से खोजी जा सकती है और अधिक पाठकों तक पहुँच सकती है।
- **मेटा विवरण :**
  सामग्री का मेटा विवरण और टैग्स भी सही तरीके से लिखें। यह सर्च इंजन में सामग्री की रैंकिंग को सुधारता है।

8. रीडेबिलिटी :

- **पैराग्राफ की लंबाई :**
  पैराग्राफ को छोटे और स्पष्ट रखें। बड़े पैराग्राफ पाठकों को पढ़ने में कठिनाई पैदा कर सकते हैं।
- **फॉन्ट और फॉर्मेटिंग :**
  फॉन्ट और फॉर्मेटिंग का सही उपयोग करें। फॉन्ट का आकार और शैली पाठकों के पढ़ने के अनुभव को प्रभावित करते हैं।

सामग्री निर्माण के उपकरण

सामग्री निर्माण के लिए कई उपकरण और सॉफ्टवेयर उपलब्ध हैं जो इस प्रक्रिया को सरल और प्रभावी बनाते हैं।

1. वर्ड प्रोसेसर्स :

- माइक्रोसॉफ्ट वर्ड, गूगल डॉक्स जैसे वर्ड प्रोसेसर्स सामग्री लिखने और संपादित करने में मदद करते हैं।

2. ग्रामर चेकर्स :

- ग्रामरली, हेमिंग्वे ऐप जैसे टूल्स व्याकरण और शैली की जांच में मदद करते हैं।

3. इमेज एडिटिंग टूल्स :

- कैनवा, एडोबी फोटोशॉप जैसे टूल्स चित्रों को संपादित करने और आकर्षक बनाने में मदद करते हैं।

4. SEO टूल्स :

- गूगल कीवर्ड प्लानर, अहरेफ्स जैसे टूल्स कीवर्ड रिसर्च और SEO रणनीतियों के लिए उपयोगी होते हैं।

अध्याय - 18

ब्लॉग

ब्लॉग (Blog) आज के डिजिटल युग में जानकारी साझा करने का एक महत्त्वपूर्ण माध्यम बन गया है। यह एक प्रकार का ऑनलाइन जर्नल या डायरी है जिसमें लोग अपनी विचार, अनुभव, और जानकारी साझा करते हैं। ब्लॉगिंग ने न केवल व्यक्तिगत अभिव्यक्ति के लिए, बल्कि व्यवसायों, शिक्षा, और पत्रकारिता के लिए भी एक महत्त्वपूर्ण प्लेटफार्म प्रदान किया है।

ब्लॉग का महत्त्व

ब्लॉग का महत्त्व कई पहलुओं में देखा जा सकता है। यह न केवल सूचना साझा करने का एक प्रभावी तरीका है, बल्कि यह विचारों को व्यक्त करने, शिक्षा देने, और समुदाय बनाने का भी एक साधन है।

1. **व्यक्तिगत अभिव्यक्ति :-** ब्लॉगिंग ने व्यक्तियों को अपने विचार और भावनाओं को व्यक्त करने का एक मंच प्रदान किया है। यह आत्म-प्रकटीकरण का एक तरीका है जहाँ लोग अपने अनुभवों और विचारों को साझा कर सकते हैं।

2. **ज्ञान और सूचना साझा करना :-** ब्लॉगिंग का एक प्रमुख उद्देश्य ज्ञान और सूचना साझा करना है। विभिन्न क्षेत्रों के विशेषज्ञ और पेशेवर अपने ज्ञान को ब्लॉग के माध्यम से साझा करते हैं, जिससे पाठकों को नए विषयों और विचारों के बारे में जानकारी मिलती है।
3. **व्यावसायिक और विपणन :** व्यवसायों के लिए ब्लॉगिंग एक महत्त्वपूर्ण विपणन उपकरण बन गया है। यह उत्पादों और सेवाओं को प्रचारित करने, ब्रांड की पहचान बनाने, और ग्राहकों के साथ जुड़ने का एक तरीका है।
4. **शिक्षा और प्रशिक्षण :** शिक्षा के क्षेत्र में ब्लॉगिंग का उपयोग शिक्षकों और छात्रों के बीच संवाद को बढ़ावा देने, पाठ्यक्रम सामग्री साझा करने, और शिक्षा को अधिक इंटरैक्टिव और रोचक बनाने के लिए किया जा रहा है।

ब्लॉग के प्रकार

ब्लॉग विभिन्न प्रकार के होते हैं जो उनके उद्देश्य और सामग्री के आधार पर भिन्न होते हैं। यहाँ कुछ प्रमुख प्रकार के ब्लॉग का विवरण दिया गया है:

1. **व्यक्तिगत ब्लॉग (Personal Blog) :** व्यक्तिगत ब्लॉग एक व्यक्ति द्वारा लिखा जाता है और इसमें उनके व्यक्तिगत अनुभव, विचार, और दैनिक जीवन के बारे में लिखा जाता है। यह आत्म-प्रकटीकरण का एक साधन होता है।
2. **पेशेवर ब्लॉग (Professional Blog) :** पेशेवर ब्लॉग उन लोगों द्वारा लिखा जाता है जो अपने पेशेवर ज्ञान और अनुभव को साझा करना चाहते हैं। यह ब्लॉग करियर, उद्योग की जानकारी, और पेशेवर विकास पर केन्द्रित होते हैं।
3. **व्यावसायिक ब्लॉग (Business Blog) :** व्यावसायिक ब्लॉग कंपनियों और व्यवसायों द्वारा लिखा जाता है और इसका उद्देश्य उनके उत्पादों और सेवाओं को प्रचारित करना होता है। यह ग्राहकों के साथ जुड़ने और ब्रांड की पहचान बनाने में मदद करता है।
4. **निचे ब्लॉग (Niche Blog) :** निचे ब्लॉग विशेष रूप से किसी विशेष विषय या क्षेत्र पर केन्द्रित होते हैं, जैसे यात्रा, भोजन, फैशन, प्रौद्योगिकी, आदि। यह ब्लॉग विशेषज्ञता और गहराई में जानकारी प्रदान करते हैं।

5. **समाचार ब्लॉग (News Blog) :** समाचार ब्लॉग ताजगी और जानकारीपूर्ण सामग्री प्रदान करते हैं। यह ब्लॉग वर्तमान घटनाओं, राजनीति, खेल, और अन्य समाचारों पर केन्द्रित होते हैं।

ब्लॉगिंग के उपयोग

ब्लॉगिंग का उपयोग विभिन्न क्षेत्रों में किया जा रहा है और यह विभिन्न उद्देश्यों को पूरा करता है। यहाँ ब्लॉगिंग के कुछ प्रमुख उपयोगों का विवरण दिया गया है:

1. **विपणन और ब्रांडिंग :** ब्लॉगिंग का उपयोग विपणन और ब्रांडिंग के लिए किया जाता है। व्यवसाय ब्लॉग के माध्यम से अपने उत्पादों और सेवाओं को प्रचारित कर सकते हैं, ब्रांड की पहचान बना सकते हैं, और ग्राहकों के साथ जुड़ सकते हैं।
2. **शिक्षा और सीखना :** ब्लॉगिंग शिक्षा के क्षेत्र में भी महत्त्वपूर्ण भूमिका निभाता है। शिक्षक ब्लॉग के माध्यम से पाठ्यक्रम सामग्री साझा कर सकते हैं, छात्रों के साथ संवाद कर सकते हैं, और शिक्षा को अधिक इंटरैक्टिव बना सकते हैं।
3. **समुदाय निर्माण :** ब्लॉगिंग का उपयोग समुदाय बनाने के लिए भी किया जाता है। लोग ब्लॉग के माध्यम से अपने विचार साझा कर सकते हैं, समान विचारधारा वाले लोगों के साथ जुड़ सकते हैं, और एक समुदाय बना सकते हैं।
4. **पत्रकारिता :** ब्लॉगिंग ने पत्रकारिता के क्षेत्र में भी महत्त्वपूर्ण बदलाव लाए हैं। स्वतन्त्र पत्रकार और ब्लॉगर अपने दृष्टिकोण और रिपोर्ट्र्स को साझा कर सकते हैं, जो मुख्यधारा के मीडिया से अलग हो सकते हैं।

ब्लॉगिंग की चुनौतियाँ

ब्लॉगिंग के कई फायदे होने के बावजूद, इसमें कुछ चुनौतियाँ भी हैं जिन्हें समझना और समाधान निकालना आवश्यक है।

1. **गुणवत्ता बनाए रखना :** ब्लॉगिंग में नियमित रूप से उच्च गुणवत्ता वाली सामग्री प्रदान करना चुनौतीपूर्ण हो सकता है। इसके लिए विषय की गहरी समझ और निरंतर अनुसंधान की आवश्यकता होती है।
2. **पाठकों का ध्यान आकर्षित करना :** इन्टरनेट पर हजारों ब्लॉग उपलब्ध हैं, इसलिए पाठकों का ध्यान आकर्षित करना और उन्हें ब्लॉग पर बने रखना चुनौतीपूर्ण हो सकता है।

3. **नियमितता बनाए रखना :** ब्लॉगिंग में नियमितता बनाए रखना महत्त्वपूर्ण है। नियमित पोस्टिंग न केवल पाठकों को जोड़े रखती है, बल्कि सर्च इंजन में भी ब्लॉग की रैंकिंग को बेहतर बनाती है।
4. **तकनीकी ज्ञान :** ब्लॉगिंग के लिए तकनीकी ज्ञान की भी आवश्यकता होती है, जैसे वेबसाइट डिज़ाइन, SEO (सर्च इंजन ऑप्टिमाइजेशन), और सोशल मीडिया प्रमोशन।
5. **आय सृजन :** ब्लॉगिंग से आय सृजन करना भी चुनौतीपूर्ण हो सकता है। इसके लिए विज्ञापन, प्रायोजन, और संबद्ध विपणन जैसी विभिन्न रणनीतियों का उपयोग करना पड़ता है।

ब्लॉगिंग के भविष्य

ब्लॉगिंग का भविष्य उज्ज्वल है और इसमें अनेक संभावनाएँ हैं। आइए जानें कि आने वाले समय में ब्लॉगिंग का कैसा भविष्य हो सकता है:

1. **वीडियो ब्लॉगिंग (Vlogging) :** वीडियो ब्लॉगिंग या ब्लॉगिंग तेज़ी से लोकप्रिय हो रही है। लोग वीडियो के माध्यम से अपने विचार और अनुभव साझा कर रहे हैं, जिससे ब्लॉगिंग अधिक इंटरैक्टिव और आकर्षक बन रहा है।
2. **पॉडकास्टिंग :** पॉडकास्टिंग ब्लॉगिंग का एक नया रूप है जहाँ लोग ऑडियो के माध्यम से जानकारी साझा करते हैं। यह विशेष रूप से उन लोगों के लिए उपयोगी है जो पढ़ने के बजाय सुनना पसंद करते हैं।
3. **इन्फ्लुएंसर मार्केटिंग :** ब्लॉगर्स अब इन्फ्लुएंसर के रूप में भी कार्य कर रहे हैं। वे अपने प्रभाव का उपयोग ब्रांड्स और उत्पादों को प्रचारित करने के लिए करते हैं, जिससे ब्लॉगिंग एक आय सृजन का साधन भी बनता जा रहा है।
4. **आर्टिफिशियल इंटेलिजेंस (AI) :** AI के माध्यम से ब्लॉगिंग को और अधिक प्रभावी और व्यक्तिगत बनाया जा सकता है। AI आधारित टूल्स ब्लॉगर्स को सामग्री निर्माण, विश्लेषण, और पाठक अनुभव को बेहतर बनाने में मदद कर सकते हैं।
5. **वैश्विक पहुँच :** ब्लॉगिंग के माध्यम से लोग वैश्विक दर्शकों तक पहुँच सकते हैं। भाषा अनुवाद टूल्स के माध्यम से ब्लॉगिंग की पहुँच और भी बढ़ रही है, जिससे विभिन्न भाषाओं के लोग एक-दूसरे के विचार और जानकारी साझा कर सकते हैं।

अध्याय - 19

डिजिटल मार्केटिंग

डिजिटल मार्केटिंग (Digital Marketing) आज के समय में व्यापार और विपणन का एक महत्त्वपूर्ण हिस्सा बन चुका है। यह पारम्परिक विपणन विधियों का एक उन्नत रूप है, जिसमें इन्टरनेट और डिजिटल तकनीकों का उपयोग करके उत्पादों और सेवाओं का प्रचार किया जाता है। डिजिटल मार्केटिंग ने व्यवसायों को एक नई दिशा दी है और उन्हें वैश्विक बाजार तक पहुँचने का अवसर प्रदान किया है।

डिजिटल मार्केटिंग का महत्त्व

डिजिटल मार्केटिंग ने व्यवसायों को कई महत्त्वपूर्ण लाभ प्रदान किए हैं। यह न केवल व्यापक दर्शकों तक पहुँचने का एक तरीका है, बल्कि यह प्रभावी और लागत सक्षम भी है।

1. **व्यापक पहुँच :** डिजिटल मार्केटिंग के माध्यम से व्यवसाय वैश्विक दर्शकों तक पहुँच सकते हैं। इन्टरनेट के माध्यम से उत्पादों और सेवाओं का प्रचार सीमाओं से परे किया जा सकता है।
2. **लागत प्रभावशीलता :** पारम्परिक विपणन की तुलना में, डिजिटल

मार्केटिंग अधिक किफायती होती है। इसमें विज्ञापन की लागत कम होती है और प्रभाव अधिक होता है।

3. **मापनीयता :** डिजिटल मार्केटिंग अभियानों की मापनीयता आसान होती है। विभिन्न उपकरणों और एनालिटिक्स के माध्यम से अभियानों की सफलता को मापा जा सकता है और आवश्यकतानुसार समायोजन किया जा सकता है।
4. **व्यक्तिगत विपणन :** डिजिटल मार्केटिंग के माध्यम से व्यक्तिगत और लक्षित विपणन संभव होता है। यह ग्राहकों की आवश्यकताओं और रुचियों के आधार पर अनुकूलित संदेश और प्रस्ताव प्रदान करता है।
5. **इंटरएक्टिविटी :** डिजिटल मार्केटिंग ग्राहकों के साथ इंटरएक्टिविटी को बढ़ावा देता है। सोशल मीडिया और अन्य डिजिटल प्लेटफार्मों के माध्यम से व्यवसाय अपने ग्राहकों के साथ सीधे सम्पर्क कर सकते हैं।

डिजिटल मार्केटिंग के प्रकार

डिजिटल मार्केटिंग के कई प्रकार हैं, जो विभिन्न डिजिटल प्लेटफार्मों और तकनीकों का उपयोग करके उत्पादों और सेवाओं का प्रचार करते हैं। यहाँ कुछ प्रमुख प्रकार के डिजिटल मार्केटिंग का विवरण दिया गया है:

1. **सर्च इंजन ऑप्टिमाइजेशन (SEO)** : SEO एक ऐसी प्रक्रिया है जिसमें वेबसाइट को सर्च इंजन रिजल्ट्स में उच्च रैंक प्राप्त करने के लिए अनुकूलित किया जाता है। इसका उद्देश्य ऑर्गेनिक (अवैतनिक) ट्रैफिक को बढ़ाना है।
2. **सर्च इंजन मार्केटिंग (SEM) :** SEM में सर्च इंजन पर विज्ञापन दिखाने के लिए भुगतान किया जाता है। यह भुगतान किए गए अभियानों के माध्यम से सर्च इंजन रिजल्ट्स पेज पर उपस्थिति को बढ़ाता है।
3. **सोशल मीडिया मार्केटिंग (SMM)** : SMM में सोशल मीडिया प्लेटफार्मों का उपयोग करके उत्पादों और सेवाओं का प्रचार किया जाता है। इसमें फेसबुक, इंस्टाग्राम, ट्विटर, लिंक्डइन आदि का उपयोग किया जाता है।
4. **ईमेल मार्केटिंग :** ई-मेल मार्केटिंग में सम्भावित और वर्तमान ग्राहकों को ई-मेल के माध्यम से संदेश और प्रस्ताव भेजे जाते हैं। यह सीधे ग्राहकों के साथ सम्पर्क बनाने का एक प्रभावी तरीका है।

5. **कंटेंट मार्केटिंग :** कंटेंट मार्केटिंग में मूल्यवान और प्रासंगिक सामग्री का निर्माण और वितरण किया जाता है। इसका उद्देश्य दर्शकों को आकर्षित करना, उन्हें जानकारी देना, और उन्हें ग्राहक में परिवर्तित करना है।
6. **पे-पर-क्लिक (PPC)** : PPC एक भुगतान विज्ञापन मॉडल है जिसमें विज्ञापनदाताओं को उनके विज्ञापनों पर क्लिक करने पर भुगतान करना होता है। यह गूगल ऐड्स और फेसबुक विज्ञापनों में लोकप्रिय है।
7. **एफिलिएट मार्केटिंग :** एफिलिएट मार्केटिंग में कंपनियाँ बाहरी वेबसाइटों या व्यक्तियों को उनके उत्पादों और सेवाओं का प्रचार करने के लिए भुगतान करती हैं। एफिलिएट्स को बिक्री या ट्रैफिक के आधार पर कमीशन मिलता है।

डिजिटल मार्केटिंग के उपयोग

डिजिटल मार्केटिंग का उपयोग विभिन्न उद्देश्यों के लिए किया जाता है, और यह व्यवसायों को कई तरह के लाभ प्रदान करता है।

1. **ब्रांड जागरूकता :** डिजिटल मार्केटिंग के माध्यम से व्यवसाय अपने ब्रांड की जागरूकता बढ़ा सकते हैं। सोशल मीडिया, ब्लॉगिंग, और अन्य डिजिटल प्लेटफार्मों के माध्यम से व्यवसाय अपनी उपस्थिति को मजबूत कर सकते हैं।
2. **लीड जनरेशन :** डिजिटल मार्केटिंग का उपयोग लीड जनरेशन के लिए भी किया जाता है। व्यवसाय सम्भावित ग्राहकों को आकर्षित करने के लिए लक्षित विज्ञापन और सामग्री का उपयोग करते हैं।
3. **ग्राहक सहभागिता :** डिजिटल मार्केटिंग के माध्यम से व्यवसाय अपने ग्राहकों के साथ इंटरएक्टिविटी बढ़ा सकते हैं। सोशल मीडिया और ई-मेल मार्केटिंग के माध्यम से ग्राहकों के साथ संवाद किया जा सकता है।
4. **बिक्री बढ़ाना :** डिजिटल मार्केटिंग का मुख्य उद्देश्य बिक्री को बढ़ाना है। लक्षित विज्ञापन, प्रस्ताव, और प्रमोशन के माध्यम से व्यवसाय अपनी बिक्री को बढ़ा सकते हैं।
5. **ग्राहक संतुष्टि :** डिजिटल मार्केटिंग के माध्यम से व्यवसाय ग्राहकों की आवश्यकताओं और इच्छाओं को समझ सकते हैं और उन्हें बेहतर सेवा प्रदान कर सकते हैं।

डिजिटल मार्केटिंग की चुनौतियाँ

डिजिटल मार्केटिंग के कई फायदे होने के बावजूद, इसमें कुछ चुनौतियाँ भी हैं जिन्हें समझना और समाधान निकालना आवश्यक है।

1. **प्रतिस्पर्धा :** डिजिटल मार्केटिंग में प्रतिस्पर्धा बहुत अधिक होती है। व्यवसायों को अपने अभियानों को अलग और प्रभावी बनाने के लिए निरंतर प्रयास करना पड़ता है।
2. **बदलती प्रौद्योगिकी :** डिजिटल मार्केटिंग की दुनिया में प्रौद्योगिकी तेज़ी से बदलती है। व्यवसायों को इन बदलावों के साथ तालमेल बिठाना और नवीनतम ट्रेंड्स और तकनीकों को अपनाना महत्त्वपूर्ण है।
3. **डेटा गोपनीयता :** डिजिटल मार्केटिंग में डेटा गोपनीयता एक महत्त्वपूर्ण मुद्दा है। व्यवसायों को ग्राहकों के डेटा को सुरक्षित रखना और गोपनीयता कानूनों का पालन करना आवश्यक है।
4. **सामग्री की गुणवत्ता :** उच्च गुणवत्ता वाली सामग्री का निर्माण चुनौतीपूर्ण हो सकता है। व्यवसायों को अपनी सामग्री को अद्यतित, प्रासंगिक, और मूल्यवान बनाए रखना आवश्यक है।
5. **निवेश की आवश्यकता :** डिजिटल मार्केटिंग अभियानों को सफल बनाने के लिए निवेश की आवश्यकता होती है। व्यवसायों को बजट प्रबंधन और सही निवेश रणनीति पर ध्यान देना होता है।

डिजिटल मार्केटिंग का भविष्य

डिजिटल मार्केटिंग का भविष्य अत्यन्त उज्ज्वल है और इसमें अनेक संभावनाएँ हैं। आइए जानें कि आने वाले समय में डिजिटल मार्केटिंग का कैसा भविष्य हो सकता है :

1. **आर्टिफिशियल इंटेलिजेंस (AI) :** AI के माध्यम से डिजिटल मार्केटिंग और भी प्रभावी और व्यक्तिगत बन सकती है। AI आधारित टूल्स विपणन अभियानों को अनुकूलित करने और ग्राहकों की आवश्यकताओं को समझने में मदद करेंगे।
2. **वीडियो मार्केटिंग :** वीडियो सामग्री का उपयोग बढ़ता जा रहा है। व्यवसाय वीडियो मार्केटिंग के माध्यम से अपने उत्पादों और सेवाओं का प्रभावी प्रचार कर सकते हैं।

3. **मोबाइल मार्केटिंग :** मोबाइल उपकरणों का उपयोग बढ़ने के साथ, मोबाइल मार्केटिंग का महत्त्व भी बढ़ रहा है। व्यवसायों को मोबाइल उपकरणों के लिए अनुकूलित विपणन रणनीतियाँ अपनानी होंगी।
4. **वर्चुअल और ऑगमेंटेड रियलिटी :** वर्चुअल और ऑगमेंटेड रियलिटी के माध्यम से विपणन अभियानों को और अधिक इंटरैक्टिव और आकर्षक बनाया जा सकता है। यह ग्राहकों को उत्पादों और सेवाओं का अनुभव कराने में मदद करेगा।
5. **डेटा विश्लेषण :** डेटा विश्लेषण का महत्त्व बढ़ता जा रहा है। व्यवसाय डेटा का उपयोग करके विपणन

अध्याय - 20

वर्डप्रैस

वर्डप्रेस (WordPress) एक लोकप्रिय सामग्री प्रबंधन प्रणाली (CMS) है जिसका उपयोग ब्लॉग, वेबसाइट और ऑनलाइन स्टोर बनाने के लिए किया जाता है। इसकी सरलता, उपयोग में आसानी, और विस्तारित फीचर्स के कारण यह दुनिया भर में सबसे अधिक उपयोग किए जाने वाले प्लेटफार्मों में से एक है।

वर्डप्रेस का महत्त्व

वर्डप्रेस का महत्त्व कई कारणों से है। यह न केवल वेबसाइट बनाने के लिए एक सरल और उपयोगकर्ता-अनुकूल प्लेटफार्म है, बल्कि यह कई अन्य महत्त्वपूर्ण लाभ भी प्रदान करता है।

1. **सरल और उपयोगकर्ता-अनुकूल :** वर्डप्रेस का उपयोग बहुत ही सरल है। इसमें तकनीकी ज्ञान की आवश्यकता नहीं होती है, इसलिए इसे कोई भी आसानी से उपयोग कर सकता है। इसका इंटरफेस उपयोगकर्ता - अनुकूल है और इसे समझने और उपयोग करने में बहुत कम समय लगता है।

2. **ओपन सोर्स :** वर्डप्रेस एक ओपन सोर्स प्लेटफार्म है, जिसका मतलब है कि यह मुफ्त में उपलब्ध है और कोई भी इसे उपयोग कर सकता है। इसके कोड को किसी भी समय संशोधित और अनुकूलित किया जा सकता है।
3. **विस्तारित फीचर्स :** वर्डप्रेस में हजारों प्लगइन्स और थीम्स उपलब्ध हैं, जो वेबसाइट को कस्टमाइज़ करने और उसकी कार्यक्षमता बढ़ाने में मदद करते हैं। प्लगइन्स के माध्यम से आप वेबसाइट में नई सुविधाएँ जोड़ सकते हैं और थीम्स के माध्यम से डिज़ाइन बदल सकते हैं।
4. **SEO अनुकूल :** वर्डप्रेस SEO के लिए अनुकूलित है। इसमें कई ऐसे फीचर्स हैं जो वेबसाइट को सर्च इंजन में उच्च रैंक प्राप्त करने में मदद करते हैं। आप विभिन्न SEO प्लगइन्स का उपयोग करके अपनी वेबसाइट की SEO को और भी बेहतर बना सकते हैं।
5. **सामुदायिक समर्थन :** वर्डप्रेस के पास एक बड़ा और सक्रिय समुदाय है। इसके उपयोगकर्ताओं और डेवलपर्स के समूह के माध्यम से आप किसी भी समस्या का समाधान पा सकते हैं। वर्डप्रेस फोरम, ब्लॉग्स, और ट्यूटोरियल्स के माध्यम से आपको हर संभव सहायता मिलती है।

वर्डप्रेस के उपयोग

वर्डप्रेस का उपयोग विभिन्न प्रकार की वेबसाइटों और उद्देश्यों के लिए किया जा सकता है। यहाँ कुछ प्रमुख उपयोगों का विवरण दिया गया है:

1. **ब्लॉगिंग :** वर्डप्रेस को मूल रूप से एक ब्लॉगिंग प्लेटफार्म के रूप में विकसित किया गया था और यह आज भी ब्लॉगिंग के लिए सबसे लोकप्रिय विकल्प है। आप आसानी से ब्लॉग पोस्ट लिख सकते हैं, उन्हें प्रकाशित कर सकते हैं, और पाठकों के साथ साझा कर सकते हैं।
2. **व्यावसायिक वेबसाइटें :** वर्डप्रेस का उपयोग विभिन्न प्रकार की व्यावसायिक वेबसाइटें बनाने के लिए किया जा सकता है। चाहे वह एक छोटी व्यवसाय वेबसाइट हो या एक बड़ी कॉर्पोरेट वेबसाइट, वर्डप्रेस सभी प्रकार की आवश्यकताओं को पूरा कर सकता है।
3. **ई-कॉमर्स :** वर्डप्रेस का उपयोग ऑनलाइन स्टोर बनाने के लिए भी किया जा सकता है। WooCommerce जैसे प्लगइन्स के माध्यम से आप अपने वर्डप्रेस साइट को एक पूर्णत: कार्यशील ई-कॉमर्स स्टोर में बदल सकते हैं।

4. **पोर्टफोलियो साइट्स :** कलाकार, फोटोग्राफर, और अन्य पेशेवर अपने काम को प्रदर्शित करने के लिए वर्डप्रेस का उपयोग कर सकते हैं। वर्डप्रेस में कई पोर्टफोलियो थीम्स और प्लगइन्स उपलब्ध हैं जो आपके काम को सबसे अच्छे तरीके से प्रस्तुत करते हैं।
5. **शैक्षिक साइट्स :** वर्डप्रेस का उपयोग शैक्षिक साइट्स बनाने के लिए भी किया जा सकता है। आप कोर्स सामग्री, शिक्षण संसाधन, और ऑनलाइन लर्निंग प्लेटफार्म बनाने के लिए वर्डप्रेस का उपयोग कर सकते हैं।

वर्डप्रेस के फीचर्स

वर्डप्रेस में कई फीचर्स हैं जो इसे एक शक्तिशाली और लचीला प्लेटफार्म बनाते हैं। यहाँ कुछ प्रमुख फीचर्स का विवरण दिया गया है :

1. **कस्टमाइज़ेशन :** वर्डप्रेस में विभिन्न प्रकार की थीम्स और प्लगइन्स के माध्यम से आपकी वेबसाइट को कस्टमाइज़ करने की क्षमता होती है। आप वेबसाइट के रंग, फोंट, लेआउट, और अन्य डिज़ाइन तत्वों को आसानी से बदल सकते हैं।
2. **प्लगइन्स :** वर्डप्रेस में हजारों प्लगइन्स उपलब्ध हैं जो आपकी वेबसाइट की कार्यक्षमता को बढ़ाने में मदद करते हैं। चाहे वह SEO, सुरक्षा, सोशल मीडिया इंटीग्रेशन, या ई-कॉमर्स हो, हर आवश्यकता के लिए एक प्लगइन मौजूद है।
3. **थीम्स :** वर्डप्रेस में हजारों मुफ्त और प्रीमियम थीम्स उपलब्ध हैं। आप अपनी वेबसाइट के लिए एक उपयुक्त थीम चुन सकते हैं और उसे अपने ब्रांड और आवश्यकताओं के अनुसार अनुकूलित कर सकते हैं।
4. **मीडिया प्रबंधन :** वर्डप्रेस में एक शक्तिशाली मीडिया प्रबंधन प्रणाली होती है जो आपको आसानी से चित्र, वीडियो, और ऑडियो फाइलें अपलोड और प्रबंधित करने की अनुमति देती है।
5. **उपयोगकर्ता प्रबंधन :** वर्डप्रेस में विभिन्न उपयोगकर्ता भूमिकाएँ और अनुमतियाँ होती हैं। आप अपनी वेबसाइट पर विभिन्न उपयोगकर्ताओं को विभिन्न भूमिकाएँ सौंप सकते हैं, जैसे एडमिन, एडिटर, ऑथर, और सब्सक्राइबर।

वर्डप्रेस वेबसाइट बनाने की प्रक्रिया

वर्डप्रेस वेबसाइट बनाने की प्रक्रिया सरल और सीधी होती है। यहाँ वेबसाइट बनाने के मुख्य चरणों का विवरण दिया गया है :

1. **होस्टिंग और डोमेन नाम चुनें :** सबसे पहले, आपको एक वेब होस्टिंग सेवा और एक डोमेन नाम चुनना होगा। कई होस्टिंग सेवाएँ वर्डप्रेस के लिए विशेष होस्टिंग प्लान्स प्रदान करती हैं।
2. **वर्डप्रेस इंस्टॉल करें :** होस्टिंग सेवा के डैशबोर्ड से वर्डप्रेस को इंस्टॉल करें। अधिकांश होस्टिंग सेवाएँ एक- क्लिक इंस्टॉलेशन प्रदान करती हैं, जिससे यह प्रक्रिया सरल हो जाती है।
3. **थीम चुनें और इंस्टॉल करें :** वर्डप्रेस डैशबोर्ड से एक थीम चुनें और उसे इंस्टॉल करें। आप फ्री थीम्स के साथ शुरुआत कर सकते हैं या प्रीमियम थीम्स भी खरीद सकते हैं।
4. **प्लगइन्स इंस्टॉल करें :** आपकी आवश्यकताओं के अनुसार विभिन्न प्लगइन्स इंस्टॉल करें। उदाहरण के लिए, SEO के लिए Yoast SEO, सुरक्षा के लिए Wordfence, और ई-कॉमर्स के लिए WooCommerce इंस्टॉल कर सकते हैं।
5. **पेज और पोस्ट बनाएं :** वर्डप्रेस डैशबोर्ड से नए पेज और पोस्ट बनाएं। आप होमपेज, अबाउट पेज, कॉन्टैक्ट पेज, और ब्लॉग पोस्ट्स को आसानी से बना सकते हैं और उन्हें प्रकाशित कर सकते हैं।
6. **कस्टमाइज़ेशन करें :** अपनी वेबसाइट को कस्टमाइज़ करें। थीम के कस्टमाइज़र का उपयोग करके रंग, फोंट, और लेआउट बदलें। विजेट्स और मेनू को अनुकूलित करें।
7. **वेबसाइट लॉन्च करें :** सभी आवश्यक सेटिंग्स और कस्टमाइज़ेशन के बाद, अपनी वेबसाइट को लॉन्च करें। सुनिश्चित करें कि आपकी वेबसाइट मोबाइल फ्रेंडली और SEO अनुकूल हो।

अध्याय - 21

वीडियो कंटेंट, यूट्यूब और शैक्षिक सामग्री

आज के डिजिटल युग में, वीडियो कंटेंट, यूट्यूब और शैक्षिक सामग्री का महत्त्व तेज़ी से बढ़ रहा है। इन्टरनेट की पहुँच और स्मार्टफोन के व्यापक उपयोग के कारण लोग वीडियो कंटेंट को प्राथमिकता देने लगे हैं।

वीडियो कंटेंट का महत्त्व

वीडियो कंटेंट आज के समय में एक प्रभावी और लोकप्रिय माध्यम बन चुका है। यह न केवल मनोरंजन का साधन है, बल्कि जानकारी और शिक्षा प्रदान करने का भी एक सशक्त माध्यम है।

1. **दृश्यता और आकर्षण :** वीडियो कंटेंट का मुख्य लाभ यह है कि यह देखने में आकर्षक होता है। लोग दृश्य और श्रवण माध्यमों के जरिए जानकारी को आसानी से समझ और याद रख सकते हैं।
2. **संचार का प्रभावी माध्यम :** वीडियो कंटेंट के माध्यम से संदेश को अधिक प्रभावी और स्पष्ट तरीके से संप्रेषित किया जा सकता है। यह लिखित सामग्री की तुलना में अधिक प्रभावी होता है।

3. **व्यापक पहुँच :** वीडियो कंटेंट इन्टरनेट के माध्यम से व्यापक दर्शकों तक पहुँच सकता है। सोशल मीडिया और वीडियो शेयरिंग प्लेटफार्मों के माध्यम से इसे वैश्विक दर्शकों तक पहुँचाना आसान है।
4. **व्यवसायिक और ब्रांडिंग :** व्यवसाय और ब्रांड अपने उत्पादों और सेवाओं का प्रचार करने के लिए वीडियो कंटेंट का उपयोग करते हैं। यह ग्राहकों को उत्पाद की विशेषताओं और लाभों को स्पष्ट रूप से समझाने में मदद करता है।

यूट्यूब का विकास

यूट्यूब, वीडियो कंटेंट के लिए सबसे लोकप्रिय प्लेटफार्म बन चुका है। इसे 2005 में लॉन्च किया गया था और तब से यह वीडियो शेयरिंग का प्रमुख माध्यम बन गया है।

1. **प्रारम्भिक दिन :** यूट्यूब की शुरुआत तीन पूर्व पेपल कर्मचारियों द्वारा की गई थी। इसका उद्देश्य उपयोगकर्ताओं को अपने वीडियो साझा करने और देखने का अवसर प्रदान करना था।
2. **गूगल द्वारा अधिग्रहण :** 2006 में, गूगल ने यूट्यूब को 1.65 बिलियन डॉलर में अधिग्रहित किया। यह अधिग्रहण यूट्यूब के लिए एक महत्त्वपूर्ण मील का पत्थर साबित हुआ और इसके विकास को तेज़ी से बढ़ावा मिला।
3. **विविध कंटेंट :** यूट्यूब पर आज हर प्रकार का कंटेंट उपलब्ध है, जैसे मनोरंजन, शिक्षा, संगीत, खेल, समाचार, और बहुत कुछ। इसका उपयोग करने वाले करोड़ों उपयोगकर्ता हैं और प्रतिदिन अरबों वीडियो देखे जाते हैं।
4. **मुद्रीकरण और विज्ञापन :** यूट्यूब ने कंटेंट क्रिएटर्स को अपने चैनलों के माध्यम से पैसे कमाने का अवसर भी प्रदान किया है। एडसेंस और अन्य विज्ञापन कार्यक्रमों के माध्यम से, क्रिएटर्स अपने वीडियो से आय प्राप्त कर सकते हैं।

शैक्षिक सामग्री की भूमिका

शैक्षिक सामग्री, विशेष रूप से वीडियो फॉर्मेट में, छात्रों और शिक्षकों के लिए अत्यन्त लाभकारी है। यह पारम्परिक शिक्षण विधियों को एक नई दिशा प्रदान करता है।

1. **सीखने का नया तरीका :** वीडियो शैक्षिक सामग्री ने सीखने और सिखाने के तरीके को बदल दिया है। यह छात्रों को एक इंटरैक्टिव और आकर्षक तरीके से सीखने का अवसर प्रदान करता है।
2. **विश्वसनीयता और गुणवत्ता :** यूट्यूब पर कई विश्वसनीय चैनल और क्रिएटर्स हैं जो उच्च गुणवत्ता वाली शैक्षिक सामग्री प्रदान करते हैं। यह सामग्री विभिन्न विषयों और कक्षाओं के लिए उपलब्ध होती है।
3. **स्वयं अध्ययन :** वीडियो शैक्षिक सामग्री के माध्यम से छात्र स्वयं अध्ययन कर सकते हैं। वे अपनी सुविधा के अनुसार वीडियो देख सकते हैं और कठिन विषयों को बार-बार देख कर समझ सकते हैं।
4. **शिक्षा की पहुँच** : वीडियो शैक्षिक सामग्री ने शिक्षा को अधिक सुलभ बना दिया है। यह छात्रों को किसी भी समय और किसी भी स्थान से सीखने का अवसर प्रदान करता है।
5. **विविधता और नवीनता :** शैक्षिक वीडियो कंटेंट में विविधता और नवीनता होती है। यह पारम्परिक शिक्षण सामग्री की तुलना में अधिक रोचक और प्रभावी होता है।

यूट्यूब पर शैक्षिक सामग्री

यूट्यूब पर शैक्षिक सामग्री की कोई कमी नहीं है। यहाँ कुछ प्रमुख शैक्षिक चैनल और उनके महत्त्व का विवरण दिया गया है :

1. **खान एकेडमी :** खान एकेडमी यूट्यूब पर एक लोकप्रिय शैक्षिक चैनल है जो गणित, विज्ञान, इतिहास, और अन्य विषयों पर मुफ्त वीडियो पाठ्यक्रम प्रदान करता है।
2. **क्रैश कोर्स :** क्रैश कोर्स एक और लोकप्रिय चैनल है जो विभिन्न विषयों पर संक्षिप्त और रोचक वीडियो पाठ्यक्रम प्रदान करता है। यह छात्रों को कठिन विषयों को आसानी से समझने में मदद करता है।
3. **TED-Ed : TED-Ed** यूट्यूब पर प्रेरणादायक और शैक्षिक वीडियो प्रस्तुत करता है। इसमें शिक्षाप्रद कहानियाँ और लेसन प्लान शामिल होते हैं।
4. **एनिमल प्लैनेट :** एनिमल प्लैनेट चैनल पर जानवरों और प्रकृति से सम्बन्धित शैक्षिक वीडियो होते हैं। यह बच्चों और वयस्कों दोनों के लिए जानकारीपूर्ण होते हैं।
5. **चैनल NPTEL** : NPTEL (National Programme on

Technology Enhanced Learning) यूट्यूब पर एक-भारतीय शैक्षिक चैनल है जो इंजीनियरिंग और विज्ञान के विभिन्न पाठ्यक्रम प्रदान करता है।

शैक्षिक वीडियो सामग्री बनाने की प्रक्रिया

यदि आप शैक्षिक वीडियो सामग्री बनाना चाहते हैं, तो यहाँ कुछ महत्त्वपूर्ण कदम दिए गए हैं :

1. **विषय का चयन करें :** सबसे पहले, आपको एक उपयुक्त विषय का चयन करना होगा जिस पर आप वीडियो बनाना चाहते हैं। यह विषय आपके दर्शकों के लिए महत्त्वपूर्ण और रोचक होना चाहिए।
2. **स्क्रिप्ट लिखें :** वीडियो की स्क्रिप्ट लिखें। यह आपके वीडियो का खाका होगा और आपको विषय को प्रभावी ढंग से प्रस्तुत करने में मदद करेगा।
3. **उपकरण का चयन करें :** वीडियो बनाने के लिए आवश्यक उपकरण का चयन करें। इसमें कैमरा, माइक्रोफोन, लाइटिंग, और एडिटिंग सॉफ्टवेयर शामिल हो सकते हैं।
4. **वीडियो शूट करें :** स्क्रिप्ट के अनुसार वीडियो शूट करें। ध्यान रखें कि वीडियो की गुणवत्ता अच्छी हो और आवाज स्पष्ट हो।
5. **एडिटिंग करें :** वीडियो को एडिट करें और आवश्यकतानुसार ग्राफिक्स, टेक्स्ट, और अन्य तत्व जोड़ें। एडिटिंग से वीडियो को अधिक पेशेवर और आकर्षक बनाया जा सकता है।
6. **यूट्यूब पर अपलोड करें :** तैयार वीडियो को यूट्यूब पर अपलोड करें। सही शीर्षक, विवरण, और टैग्स का उपयोग करें ताकि वीडियो अधिक से अधिक दर्शकों तक पहुँच सके।
7. **प्रमोशन करें :** अपने वीडियो का प्रमोशन करें। सोशल मीडिया, ब्लॉग्स, और अन्य चैनलों के माध्यम से अपने वीडियो को साझा करें।

अध्याय - 22

डिजिटल सामग्री निर्माण में चुनौतियाँ

डिजिटल युग में सामग्री निर्माण एक रोमांचक और महत्त्वपूर्ण कार्य है। हालांकि, इसमें कई चुनौतियाँ भी शामिल हैं जिन्हें सामग्री निर्माताओं को समझना और सामना करना आवश्यक है।

1. गुणवत्ता बनाए रखना

गुणवत्ता बनाए रखना : डिजिटल सामग्री की गुणवत्ता बनाए रखना एक प्रमुख चुनौती है। उच्च गुणवत्ता वाली सामग्री न केवल पाठकों का ध्यान खींचती है बल्कि उनकी आवश्यकताओं को भी पूरा करती है। गुणवत्ता बनाए रखने के लिए सामग्री को सही शोध, व्याकरण और शैली के साथ लिखना आवश्यक है। तथ्यों और आंकड़ों की सटीकता पर विशेष ध्यान देना चाहिए।

उदाहरण : सही जानकारी और संदर्भों का उपयोग करें। सामग्री को प्रूफरीड करें और व्याकरण की गलतियों को ठीक करें।

2. पाठकों का ध्यान खींचना

पाठकों का ध्यान खींचना : डिजिटल युग में सामग्री की बहुतायत के कारण, पाठकों का ध्यान खींचना एक बड़ी चुनौती है। एक अच्छी शीर्षक और आकर्षक प्रारम्भिक पैराग्राफ से पाठकों का ध्यान खींचा जा सकता है। - सामग्री को रोचक और संवादात्मक बनाना आवश्यक है ताकि पाठक पूरी सामग्री पढ़ें और उसमें रुचि लें।

उदाहरण : आकर्षक शीर्षक और उपशीर्षक का उपयोग करें। –पहले पैराग्राफ़ में ही मुख्य बिंदु और आकर्षक तत्व शामिल करें।

3. अद्यतन और प्रासंगिकता

अद्यतन और प्रासंगिकता : डिजिटल सामग्री का अद्यतन और प्रासंगिक होना आवश्यक है। पुरानी और अप्रासंगिक सामग्री पाठकों को निराश कर सकती है। नियमित रूप से सामग्री को अद्यतन करें और नए तथ्यों और घटनाओं को शामिल करें।

उदाहरण : नियमित रूप से सामग्री की समीक्षा करें और आवश्यकतानुसार अद्यतन करें। नवीनतम शोध और घटनाओं को शामिल करें।

4. कॉपीराइट और प्लेजरिज्म

कॉपीराइट और प्लेजरिज्म : डिजिटल सामग्री निर्माण में कॉपीराइट और प्लेजरिज्म से बचना एक महत्त्वपूर्ण चुनौती है। किसी और की सामग्री को बिना अनुमति या उचित संदर्भ के उपयोग करना अवैध और अनैतिक है। स्वयं की मौलिक सामग्री तैयार करें और यदि किसी अन्य स्रोत का उपयोग करें तो उसे उचित क्रेडिट दें।

उदाहरण : मौलिक सामग्री तैयार करें। यदि किसी अन्य स्रोत का उपयोग करें, तो उसे स्पष्ट रूप से संदर्भित करें।

5. SEO और कीवर्ड रणनीति

SEO और कीवर्ड रणनीति : सर्च इंजन ऑप्टिमाइजेशन (SEO) और सही कीवर्ड रणनीति का उपयोग करना आवश्यक है ताकि सामग्री सर्च इंजन में उच्च रैंक प्राप्त कर सके। - कीवर्ड्स का सही उपयोग और मेटा विवरण की सही तरीके से लेखन सामग्री की खोज योग्यता को बढ़ाता है।

उदाहरण : सही कीवर्ड्स का चयन और उपयोग करें। मेटा विवरण और शीर्षक टैग को ऑप्टिमाइज करें।

6. मल्टीमीडिया तत्वों का उपयोग

मल्टीमीडिया तत्वों का उपयोग : डिजिटल सामग्री में मल्टीमीडिया तत्वों का सही उपयोग एक चुनौती हो सकती है। चित्र, वीडियो, और इन्फोग्राफिक्स का सही संतुलन सामग्री को रोचक और आकर्षक बनाता है। उच्च गुणवत्ता वाले और प्रासंगिक मल्टीमीडिया तत्वों का उपयोग करें।

उदाहरण : उच्च गुणवत्ता वाले चित्र और वीडियो का उपयोग करें। मल्टीमीडिया तत्वों को सामग्री के संदर्भ में सही स्थान पर उपयोग करें।

7. समय प्रबंधन

समय प्रबंधन : डिजिटल सामग्री निर्माण में समय प्रबंधन एक बड़ी चुनौती है। समय पर सामग्री तैयार करना और प्रकाशित करना महत्त्वपूर्ण है। –समय का सही प्रबंधन और कार्य की प्राथमिकता निर्धारित करना आवश्यक है।

उदाहरण : एक संपादकीय कैलेंडर तैयार करें। कार्य की प्राथमिकता निर्धारित करें और समय सीमा का पालन करें।

8. तकनीकी चुनौतियाँ

तकनीकी चुनौतियाँ : डिजिटल सामग्री निर्माण में तकनीकी चुनौतियाँ भी शामिल हैं। सही सॉफ्टवेयर और उपकरणों का उपयोग, वेबसाइट की गति और प्रदर्शन, और मोबाइल फ्रेंडली डिज़ाइन जैसी तकनीकी पहलुओं का ध्यान रखना आवश्यक है। –तकनीकी समस्याओं का समाधान समय पर करना आवश्यक है ताकि उपयोगकर्ताओं को बेहतर अनुभव प्राप्त हो सके।

उदाहरण : वेबसाइट की गति और प्रदर्शन को नियमित रूप से जांचें। सामग्री को मोबाइल फ्रेंडली बनाएं।

9. दर्शकों की समझ

दर्शकों की समझ : दर्शकों की आवश्यकताओं और रुचियों को समझना एक महत्त्वपूर्ण चुनौती है। सही सामग्री वही है जो दर्शकों की जरूरतों को पूरा करती है और उनकी रुचियों के अनुसार होती है।–दर्शकों की प्रतिक्रियाओं और टिप्पणियों का विश्लेषण करें और उनके अनुसार सामग्री में सुधार करें।

उदाहरण : दर्शकों के फीडबैक और टिप्पणियों का विश्लेषण करें। सामग्री को दर्शकों की जरूरतों और रुचियों के अनुसार समायोजित करें।

10. मार्केटिंग और प्रचार

मार्केटिंग और प्रचार : डिजिटल सामग्री का सही तरीके से प्रचार और विपणन करना आवश्यक है ताकि अधिक से अधिक लोग इसे देख सकें। सोशल मीडिया, ई-मेल मार्केटिंग, और अन्य डिजिटल मार्केटिंग तकनीकों का उपयोग करें।

उदाहरण : सोशल मीडिया पर सामग्री का प्रचार करें। –ईमेल न्यूज़लेटर के माध्यम से सामग्री साझा करें।

अध्याय - 23

डिजिटल युग

डिजिटल युग, जिसे हम आजकल जी रहे हैं, ने हमारे जीवन के हर पहलू को बदल दिया है। इसने न केवल हमारे काम करने के तरीके को बदल दिया है, बल्कि हमारी सोच, समझ और जीवन शैली पर भी गहरा प्रभाव डाला है।

इसका आरम्भ 20 वी सदी से माना जा सकता है।

डिजिटल युग का महत्त्व

डिजिटल युग ने हमें असंख्य सुविधाएँ और अवसर प्रदान किए हैं। इसकी बदौलत हम दुनिया के किसी भी कोने में बैठे व्यक्ति से जुड़ सकते हैं, जानकारी प्राप्त कर सकते हैं और विभिन्न सेवाओं का लाभ उठा सकते हैं।

1. **सूचना की उपलब्धता :** डिजिटल युग में इन्टरनेट के माध्यम से सूचना की आसान उपलब्धता ने हमें सशक्त बनाया है। अब हम किसी भी विषय पर जानकारी प्राप्त कर सकते हैं, चाहे वह शिक्षा हो, स्वास्थ्य हो, या किसी अन्य क्षेत्र से सम्बन्धित हो।

2. **संचार में क्रान्ति :** डिजिटल युग ने संचार के क्षेत्र में क्रान्ति ला दी है। अब हम ईमेल, सोशल मीडिया, और वीडियो कॉलिंग जैसे माध्यमों से तुरन्त संवाद कर सकते हैं। इससे न केवल व्यक्तिगत संचार आसान हुआ है, बल्कि व्यापारिक संचार भी तेज़ी से और प्रभावी हो गया है।
3. **व्यापार और अर्थव्यवस्था :** डिजिटल युग ने व्यापार और अर्थव्यवस्था को भी व्यापक रूप से प्रभावित किया है। ऑनलाइन शॉपिंग, डिजिटल पेमेंट्स, और ई-कॉमर्स ने व्यापार के नए आयाम खोले हैं। छोटे और मध्यम उद्यमों को वैश्विक बाजार में प्रवेश का अवसर मिला है।

डिजिटल युग के प्रमुख पहलू

डिजिटल युग के कई प्रमुख पहलू हैं जो हमारे जीवन के विभिन्न क्षेत्रों को प्रभावित करते हैं।

1. **इन्टरनेट :** इन्टरनेट डिजिटल युग का आधार है। यह जानकारी के आदान- प्रदान, संचार, और मनोरंजन का प्रमुख माध्यम है। इन्टरनेट के माध्यम से हम विभिन्न सेवाओं और सूचनाओं का लाभ उठा सकते हैं।
2. **सोशल मीडिया :** सोशल मीडिया प्लेटफॉर्म्स जैसे फेसबुक, ट्विटर, इंस्टाग्राम, और व्हाट्सएप ने हमारे संवाद करने के तरीके को बदल दिया है। ये प्लेटफॉर्म्स न केवल हमें दोस्तों और परिवार से जोड़ते हैं, बल्कि हमारे विचारों और अनुभवों को साझा करने का भी माध्यम बनते हैं।
3. **स्मार्टफोन :** स्मार्टफोन ने हमारे जीवन को अत्यधिक सरल और सुविधाजनक बना दिया है। अब हम अपने फोन के माध्यम से न केवल कॉल कर सकते हैं, बल्कि इन्टरनेट ब्राउजिंग, ऑनलाइन शॉपिंग, बैंकिंग, और मनोरंजन का भी आनन्द ले सकते हैं।
4. **क्लाउड कंप्यूटिंग :** क्लाउड कंप्यूटिंग ने डेटा संग्रहण और प्रबंधन के तरीके को बदल दिया है। अब हम अपने डेटा को सुरक्षित तरीके से क्लाउड में स्टोर कर सकते हैं और किसी भी समय, कहीं से भी इसे एक्सेस कर सकते हैं।

डिजिटल युग का प्रभाव

डिजिटल युग ने हमारे जीवन पर कई तरह से प्रभाव डाला है, जिनमें से कुछ सकारात्मक हैं, तो कुछ नकारात्मक भी हैं।

1. **शिक्षा :** डिजिटल युग से शिक्षा के क्षेत्र में एक नई क्रान्ति आयी है। ऑनलाइन शिक्षा, ई-लर्निंग प्लेटफॉर्म्स, और डिजिटल किताबों ने छात्रों और शिक्षकों के लिए शिक्षा को अधिक सुलभ और प्रभावी बना दिया है।
2. **स्वास्थ्य :** स्वास्थ्य के क्षेत्र में भी डिजिटल युग ने महत्त्वपूर्ण योगदान दिया है। टेलीमेडिसिन, ऑनलाइन मेडिकल सलाह, और स्वास्थ्य सम्बन्धी ऐप्स ने लोगों को अपने स्वास्थ्य की देखभाल करने के लिए नए साधन प्रदान किए हैं।
3. **सामाजिक सम्बन्ध :** डिजिटल युग ने हमारे सामाजिक सम्बन्धों को भी प्रभावित किया है। अब हम सोशल मीडिया के माध्यम से अपने दोस्तों और परिवार के साथ जुड़े रह सकते हैं। हालांकि, इसके साथ ही सोशल मीडिया की लत और व्यक्तिगत सम्बन्धों में कमी जैसी चुनौतियाँ भी उत्पन्न हुई हैं।
4. **रोजगार :** डिजिटल युग ने रोजगार के नए अवसर प्रदान किए हैं। फ्रीलांसिंग, रिमोट वर्क, और डिजिटल मार्केटिंग जैसे क्षेत्रों में नए करियर विकल्प उभरे हैं। इसके साथ ही, पारम्परिक नौकरियों में भी डिजिटल स्किल्स की मांग बढ़ी है।

डिजिटल युग की चुनौतियाँ

डिजिटल युग के कई लाभ होने के बावजूद, इसमें कुछ चुनौतियाँ भी शामिल हैं जिन्हें समझना और समाधान निकालना आवश्यक है।

1. **डेटा सुरक्षा :** डिजिटल युग में डेटा सुरक्षा एक प्रमुख चिन्ता का विषय है। साइबर हमले, डेटा चोरी और प्राइवेसी का उल्लंघन जैसी समस्याएँ आम हो गई हैं। इसलिए, डेटा सुरक्षा के लिए सही उपाय अपनाना आवश्यक है।
2. **डिजिटल डिवाइड :** डिजिटल युग में डिजिटल डिवाइड भी एक बड़ी समस्या है। सभी लोगों को समान रूप से डिजिटल सुविधाओं का लाभ नहीं मिल पाता, विशेषकर ग्रामीण और दूरदराज के क्षेत्रों में।
3. **मानसिक स्वास्थ्य :** डिजिटल युग में सोशल मीडिया और इन्टरनेट के अत्यधिक उपयोग से मानसिक स्वास्थ्य समस्याएँ भी बढ़ रही हैं। इन्टरनेट की लत, तनाव, और सामाजिक दबाव जैसी समस्याएँ उभर रही हैं।

अध्याय - 24

ई-पत्रकारिता

ई-पत्रकारिता, जिसे डिजिटल पत्रकारिता या ऑनलाइन पत्रकारिता भी कहा जाता है, ने परम्परागत पत्रकारिता के क्षेत्र में ई क्रान्ति ला दी है। यह इन्टरनेट और डिजिटल तकनीकों का उपयोग करके समाचारों और जानकारी को प्रस्तुत करने का एक नया और प्रभावी तरीका है।

ई-पत्रकारिता का महत्त्व

ई-पत्रकारिता ने समाचार प्राप्त करने और प्रसारित करने के तरीके को पूरी तरह से बदल दिया है। यह तेज़ी से बढ़ती तकनीकी प्रगति के साथ तालमेल बैठाने का एक महत्त्वपूर्ण माध्यम बन गया है।

1. **त्वरित समाचार प्रसारण :** ई-पत्रकारिता के माध्यम से समाचारों का प्रसारण तुरन्त और बिना किसी देरी के किया जा सकता है। यह पारम्परिक मीडिया की तुलना में अधिक तेज़ और प्रभावी है।
2. **व्यापक पहुँच :** इन्टरनेट की पहुँच ने ई-पत्रकारिता को वैश्विक बना दिया है। अब कोई भी व्यक्ति कहीं से भी समाचार पढ़ सकता है और जानकारियों तक पहुँच सकता है।

3. **इंटरएक्टिविटी :** ई-पत्रकारिता ने पाठकों और पत्रकारों के बीच संवाद का नया तरीका पेश किया है। पाठक आसानी से अपनी प्रतिक्रिया दे सकते हैं, टिप्पणियाँ कर सकते हैं, और संवाद में भाग ले सकते हैं।

ई-पत्रकारिता के विभिन्न पहलू

ई-पत्रकारिता के कई पहलू हैं जो इसे प्रभावी और महत्त्वपूर्ण बनाते हैं। आइए इन्हें विस्तार से समझें :

1. **ऑनलाइन समाचार वेबसाइटें :** ऑनलाइन समाचार वेबसाइटें ई-पत्रकारिता का प्रमुख हिस्सा हैं। इनमें प्रमुख समाचार पोर्टल जैसे NDTV, BBC Hindi, और Dainik Bhaskar शामिल हैं जो 24/7 समाचार प्रदान करते हैं।
2. **ब्लॉग और वैयक्तिक पत्रकारिता :** ब्लॉगिंग के माध्यम से व्यक्ति अपने विचार, अनुभव, और जानकारी साझा कर सकते हैं। यह पारम्परिक पत्रकारिता के मुकाबले एक अधिक व्यक्तिगत और स्वतन्त्र तरीका है।
3. **सोशल मीडिया :** सोशल मीडिया प्लेटफार्म्स जैसे फेसबुक, ट्विटर, और इंस्टाग्राम ने पत्रकारिता के तरीके को पूरी तरह बदल दिया है। ये प्लेटफार्म्स न केवल समाचार साझा करने का माध्यम हैं, बल्कि संवाद और चर्चाओं का भी केंद्र बन गए हैं।
4. **वीडियो पत्रकारिता :** वीडियो पत्रकारिता ने समाचारों को अधिक प्रभावी और जीवन्त बना दिया है। यूट्यूब और अन्य वीडियो स्ट्रीमिंग प्लेटफार्म्स के माध्यम से वीडियो समाचार तेज़ी से लोकप्रिय हो रहे हैं।

ई-पत्रकारिता से जुड़ी चुनौतियाँ

ई-पत्रकारिता ने जहाँ कई लाभ प्रदान किए हैं, वहीं इसके साथ कुछ चुनौतियाँ भी आई हैं जिन्हें समझना और समाधान करना आवश्यक है।

1. **फेक न्यूज :** फेक न्यूज या झूठी खबरें ई-पत्रकारिता की एक बड़ी चुनौती हैं। इन्टरनेट पर सूचना का सत्यापन मुश्किल हो सकता है, जिससे गलत जानकारी का प्रसार हो सकता है।
2. **डेटा सुरक्षा :** ई-पत्रकारिता में डेटा सुरक्षा एक महत्त्वपूर्ण मुद्दा है। साइबर हमलों और डेटा चोरी का खतरा हमेशा बना रहता है।
3. **गुणवत्ता बनाए रखना :** ई-पत्रकारिता में तेज़ी से समाचार प्रस्तुत करने की होड़ में कभी-कभी गुणवत्ता से समझौता हो जाता है। सटीक और

तथ्यात्मक जानकारी प्रस्तुत करना आवश्यक है।

4. **आर्थिक मॉडल :** पारम्परिक मीडिया की तरह, ई - पत्रकारिता के लिए भी आर्थिक मॉडल का निर्माण एक चुनौती है। विज्ञापन, सब्सक्रिप्शन, और अन्य तरीकों से राजस्व जुटाना आवश्यक है।

ई-पत्रकारिता में करियर के अवसर

ई-पत्रकारिता ने पत्रकारिता के क्षेत्र में नए करियर अवसर भी प्रदान किए हैं। इसके विभिन्न क्षेत्रों में करियर बनाने के कई रास्ते हैं।

1. **कंटेंट राइटर :** कंटेंट राइटर के रूप में आप विभिन्न ऑनलाइन प्लेटफार्म्स के लिए समाचार, ब्लॉग, और लेख लिख सकते हैं।
2. **सोशल मीडिया मैनेजर :** सोशल मीडिया मैनेजर के रूप में आप समाचार संस्थानों के सोशल मीडिया अकाउंट्स को संभाल सकते हैं और उनकी ऑनलाइन उपस्थिति को बढ़ा सकते हैं।
3. **वीडियो जर्नलिस्ट :** वीडियो जर्नलिस्ट के रूप में आप वीडियो समाचार तैयार कर सकते हैं और उन्हें विभिन्न प्लेटफार्म्स पर प्रकाशित कर सकते हैं।
4. **डेटा जर्नलिस्ट :** डेटा जर्नलिस्ट के रूप में आप आंकड़ों और विश्लेषण के माध्यम से समाचार प्रस्तुत कर सकते हैं। यह एक उभरता हुआ क्षेत्र है जो तेज़ी से लोकप्रिय हो रहा है।

ई-पत्रकारिता का भविष्य

ई-पत्रकारिता का भविष्य उज्ज्वल है। जैसे-जैसे तकनीकी प्रगति होती जा रही है, वैसे-वैसे ई-पत्रकारिता के नए-नए रूप और अवसर सामने आ रहे हैं।

1. **आर्टिफिशियल इंटेलिजेंस (AI)** : AI के उपयोग से समाचारों का विश्लेषण और प्रस्तुति और अधिक सटीक और प्रभावी हो जाएगी। यह पत्रकारों को बेहतर और तेज़ काम करने में मदद करेगा।
2. **वर्चुअल रियलिटी (VR) और ऑगमेंटेड रियलिटी (AR)** : VR और AR के उपयोग से समाचारों का अनुभव और भी जीवन्त और इंटरएक्टिव हो जाएगा। यह पाठकों को घटनाओं का प्रत्यक्ष अनुभव प्रदान कर सकेगा।
3. **मोबाइल जर्नलिज्म (MoJo) :** मोबाइल जर्नलिज्म का भविष्य और भी उज्ज्वल है। स्मार्टफोन के माध्यम से समाचार संग्रह और प्रसारण का तरीका और भी सरल और प्रभावी होगा।

अध्याय - 25

ई-बुक्स

ई-बुक्स या इलेक्ट्रॉनिक पुस्तक डिजिटल प्रारूप में उपलब्ध होती हैं और इन्हें हम अपने कम्प्यूटर, टैबलेट, स्मार्टफोन, या ई-रीडर पर पढ़ सकते हैं। इन्हें इंटर्ने पर भी इन्टरनेट छापा, बाँटा या पढ़ा जा सकता है। ये पुस्तकें कई फ़ाइल फॉर्मेट में होती हैं जिनमें पी. डी. ऍफ़. (पोर्टबल डॉक्यूमेंट फॉर्मेट), ऍक्स्पीऍस आदि शामिल हैं, इनमें पी. डी. ऍफ़. सर्वाधिक प्रचलित फॉर्मेट है।

ई-पुस्तको को पढ़ने के लिए कम्प्यूटर (अथवा मोबाइल) पर एक सॉफ्टवेयर की आवश्यकता होती है जिसे ई-पुस्तक पाठक (eBook Reader) कहते हैं। पीडीऍफ ई-पुस्तकों के लिए ऍडॉब रीडर तथा फॉक्सिट रीडर नामक दो प्रसिद्ध पाठक हैं। इनमें से ऍडॉब तो पी.डी.ऍफ. फॉर्मेट की निर्माता कम्पनी ऍडॉब वालों का है, ये आकार में काफी बड़ा है तथा पुराने सिस्टमों पर काफी धीमा चलता है, फॉक्सिट रीडर इसका एक मुफ्त एवं हल्का-फुल्का विकल्प है।

ई-पुस्तकों को पढ़ने हेतु अब कुछ हार्डवेयर उपकरण अलग से भी उपलब्ध हैं। इनमें अमेजन कॉम का किण्डल तथा "ऍप्पल इंक" का आइपैड शामिल है। "पाइ" ऐसा एक अन्य उपकरण है। आकार में यह 188 मि.मी. ऊंचा और 198 मि.मी. चौड़ा होता है।

ई-पुस्तक बनाना

ई-पुस्तक बनाने के दो तरीके हैं।

1. कम्प्यूटर पर टाइप की गई सामग्री को विभिन्न सॉफ्टवेयरों के द्वारा ई-पुस्तक रूप में बदला जा सकता है।

2. छपी हुई सामग्री को स्कैनर के द्वारा डिजिटल रूप में परिवर्तित करके उसे ई-पुस्तक का रूप दिया जा सकता है।

ई-पुस्तक हेतु सर्वाधिक लोकप्रिय एवं प्रचलित फॉर्मेट पीडीऍफ फाइल है

ई-बुक्स का महत्त्व

ई-बुक्स ने शिक्षा, अनुसंधान, और मनोरंजन के क्षेत्र में एक नया आयाम जोड़ा है। इन्हें किसी भी समय, कहीं भी पढ़ा जा सकता है, जिससे यह पारम्परिक पुस्तकों के मुकाबले अधिक सुविधाजनक हो गई हैं।

1. **सुलभता :** ई-बुक्स को आसानी से इन्टरनेट से डाउनलोड किया जा सकता है। इससे पाठकों को पुस्तकालय या बुकस्टोर जाने की आवश्यकता नहीं होती।
2. **पर्यावरण अनुकूल :** ई-बुक्स पर्यावरण के लिए भी लाभकारी हैं क्योंकि इनसे कागज की बचत होती है। इससे वृक्षों की कटाई में कमी आती है और पर्यावरण संरक्षण में मदद मिलती है।
3. **भंडारण की सुविधा :** ई-बुक्स को डिजिटल डिवाइस में संग्रहीत किया जा सकता है, जिससे बड़ी संख्या में पुस्तकों को एक ही जगह पर रखा जा सकता है। यह पारम्परिक पुस्तकों के मुकाबले कम स्थान घेरती हैं।

ई-बुक्स के प्रकार

ई-बुक्स के विभिन्न प्रकार हैं जो पाठकों की विभिन्न आवश्यकताओं और रुचियों को पूरा करते हैं।

1. **फिक्शन और नॉन-फिक्शन :** ई-बुक्स में फिक्शन और नॉन-फिक्शन दोनों प्रकार की पुस्तकें शामिल होती हैं। फिक्शन पुस्तकें काल्पनिक कहानियों पर आधारित होती हैं, जबकि नॉन-फिक्शन पुस्तकें वास्तविक घटनाओं और तथ्यों पर आधारित होती हैं।
2. **शैक्षिक पुस्तकें :** शैक्षिक ई-बुक्स छात्रों और शिक्षकों के लिए विशेष

रूप से उपयोगी होती हैं। इनमें विभिन्न विषयों पर गहन जानकारी और अध्ययन सामग्री उपलब्ध होती है।

3. **संदर्भ पुस्तकें :** संदर्भ ई-बुक्स में शब्दकोश, विश्वकोश, और अन्य संदर्भ सामग्री शामिल होती है। ये अध्ययन और अनुसंधान के लिए महत्त्वपूर्ण होती हैं।
4. **आत्मकथाएँ और जीवनी :** आत्मकथाएँ और जीवनी ई-बुक्स में प्रसिद्ध व्यक्तियों के जीवन और उनके अनुभवों का विवरण होता है। ये प्रेरणा और जानकारी का एक महत्त्वपूर्ण स्रोत होती हैं।

ई-बुक्स के फायदे

ई-बुक्स ने पढ़ने के अनुभव को कई तरह से बेहतर बनाया है। आइए जानें इसके प्रमुख फायदे :

1. **पढ़ने में आसानी :** ई-बुक्स को किसी भी समय, कहीं भी पढ़ा जा सकता है। बस एक डिजिटल डिवाइस की जरूरत होती है और आप अपनी पसंदीदा पुस्तक का आनन्द ले सकते हैं।
2. **समायोज्य पाठ :** ई-बुक्स में पाठ को बढ़ा-घटा कर पढ़ने की सुविधा होती है। यह विशेष रूप से उन लोगों के लिए उपयोगी है जिन्हें छोटी या बड़ी फोंट में पढ़ने में कठिनाई होती है।
3. **खोज की सुविधा :** ई-बुक्स में किसी भी शब्द या वाक्यांश को आसानी से खोजा जा सकता है। इससे पाठक को आवश्यक जानकारी तुरन्त प्राप्त होती है।
4. **इंटरएक्टिविटी :** कुछ ई-बुक्स में इंटरएक्टिव तत्व भी होते हैं, जैसे ऑडियो, वीडियो, और हाइपरलिंक्स। ये पढ़ने के अनुभव को और भी रोचक बनाते हैं।

ई-बुक्स से जुड़ी चुनौतियाँ

ई-बुक्स के कई फायदे होने के बावजूद, इनमें कुछ चुनौतियाँ भी हैं जिन्हें समझना और समाधान निकालना आवश्यक है।

1. **डिजिटल डिवाइस की आवश्यकता :** ई-बुक्स पढ़ने के लिए डिजिटल डिवाइस की आवश्यकता होती है। सभी लोगों के पास ये उपकरण उपलब्ध नहीं हो सकते।

2. **बैटरी और तकनीकी समस्याएँ :** डिजिटल डिवाइस की बैटरी खत्म हो सकती है या तकनीकी समस्याएँ उत्पन्न हो सकती हैं, जिससे पढ़ने में बाधा आ सकती है।
3. **कॉपीराइट और पायरेसी :** ई-बुक्स के कॉपीराइट और पायरेसी की समस्याएँ भी सामने आती हैं। बिना अनुमति के ई-बुक्स की कॉपी करना और वितरित करना अवैध है।
4. **पारम्परिक पुस्तकों की भावना :** कई पाठकों को पारम्परिक पुस्तकों की सुगंध, स्पर्श, और अनुभव पसंद होता है। ई-बुक्स यह अनुभव प्रदान नहीं कर सकतीं।

ई-बुक्स का भविष्य

ई-बुक्स का भविष्य उज्ज्वल है और तकनीकी प्रगति के साथ इसमें और भी नवाचार देखने को मिल सकते हैं। आइए जानें कि आने वाले समय में ई-बुक्स का कैसा भविष्य हो सकता है :

1. **बढ़ती लोकप्रियता :** ई-बुक्स की लोकप्रियता लगातार बढ़ रही है। अधिक से अधिक लोग अब ई-बुक्स को पढ़ने के लिए प्राथमिकता दे रहे हैं।
2. **नई तकनीकों का समावेश :** आर्टिफिशियल इंटेलिजेंस (AI) और मशीन लर्निंग जैसी तकनीकों का समावेश ई-बुक्स को और भी इंटरएक्टिव और उपयोगकर्ता-अनुकूल बना सकता है।
3. **अधिक सुलभता :** इन्टरनेट की बढ़ती पहुँच के साथ, ई-बुक्स अधिक लोगों तक पहुँच सकती हैं, खासकर दूरदराज के क्षेत्रों में जहाँ पुस्तकालय और बुकस्टोर नहीं होते।
4. **शिक्षा में क्रान्ति :** ई-बुक्स शैक्षिक क्षेत्र में एक नई क्रान्ति ला सकती हैं। छात्रों और शिक्षकों के लिए यह एक सुलभ और प्रभावी अध्ययन सामग्री का स्रोत बन सकती हैं।

अध्याय - 26

ऑनलाइन पत्रिकाएँ

डिजिटल युग में, ऑनलाइन पत्रिकाओं ने परम्परागत पत्रिकाओं के क्षेत्र में एक नई क्रान्ति ला दी है। इन्टरनेट और डिजिटल तकनीकों के माध्यम से उपलब्ध होने वाली ये पत्रिकाएँ न केवल जानकारी के स्रोत के रूप में महत्त्वपूर्ण हैं, बल्कि मनोरंजन और ज्ञानवर्धन के नए आयाम भी प्रस्तुत करती हैं।

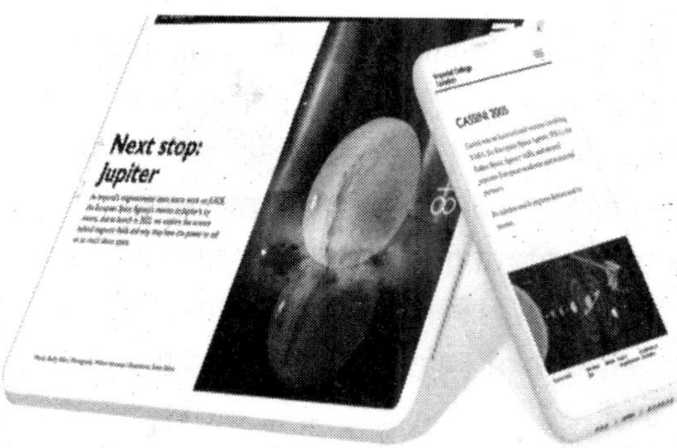

ऑनलाइन पत्रिकाओं का महत्त्व

ऑनलाइन पत्रिकाओं ने सूचना और मनोरंजन के क्षेत्र में एक नई दिशा प्रदान की है। इन्हें किसी भी समय, कहीं भी पढ़ा जा सकता है, जिससे यह पारम्परिक पत्रिकाओं के मुकाबले अधिक सुविधाजनक हो गई हैं।

1. **सुलभता :** ऑनलाइन पत्रिकाएँ इन्टरनेट के माध्यम से आसानी से उपलब्ध होती हैं। पाठक अपने स्मार्टफोन, टैबलेट, या कम्प्यूटर पर इन्हें कभी भी पढ़ सकते हैं।
2. **त्वरित अपडेट :** पारम्परिक पत्रिकाओं के मुकाबले, ऑनलाइन

पत्रिकाएँ तुरन्त अपडेट हो सकती हैं। इससे पाठक नवीनतम समाचार और घटनाओं के बारे में जल्दी जानकारी प्राप्त कर सकते हैं।

3. **व्यापक पहुँच :** इन्टरनेट के माध्यम से, ऑनलाइन पत्रिकाएँ वैश्विक दर्शकों तक पहुँच सकती हैं। इससे जानकारी और मनोरंजन का व्यापक प्रसार होता है।

ऑनलाइन पत्रिकाओं के प्रकार

ऑनलाइन पत्रिकाएँ विभिन्न प्रकार की होती हैं जो पाठकों की विभिन्न रुचियों और आवश्यकताओं को पूरा करती हैं।

1. **समाचार पत्रिकाएँ :** ये पत्रिकाएँ ताजा समाचार और घटनाओं पर केन्द्रित होती हैं। इनमें राजनीति, खेल, व्यापार, और अन्य क्षेत्रों से सम्बन्धित समाचार होते हैं।
2. **मनोरंजन पत्रिकाएँ :** मनोरंजन पत्रिकाएँ फिल्म, संगीत, फैशन, और टीवी शो से सम्बन्धित होती हैं। ये पत्रिकाएँ पाठकों को मनोरंजन की दुनिया से जुड़ी ताजा जानकारी और गॉसिप प्रदान करती हैं।
3. **शैक्षिक और अनुसंधान पत्रिकाएँ :** शैक्षिक और अनुसंधान पत्रिकाएँ विद्यार्थियों, शिक्षकों, और शोधकर्ताओं के लिए महत्त्वपूर्ण होती हैं। इनमें विभिन्न विषयों पर गहन अध्ययन और शोध सामग्री उपलब्ध होती है।
4. **जीवन शैली पत्रिकाएँ :** जीवन शैली पत्रिकाएँ स्वास्थ्य, फिटनेस, भोजन, यात्रा, और व्यक्तिगत विकास से सम्बन्धित होती हैं। ये पत्रिकाएँ पाठकों को स्वस्थ और सुखद जीवन जीने के लिए सुझाव और जानकारी प्रदान करती हैं।
5. **विशेष रुचि पत्रिकाएँ :** ये पत्रिकाएँ विशेष रुचियों जैसे फोटोग्राफी, गार्डनिंग, कुकिंग, और टेक्नोलॉजी पर केन्द्रित होती हैं। इन्हें विशेष रुचियों वाले पाठकों के लिए डिजाइन किया जाता है।

ऑनलाइन पत्रिकाओं के फायदे

ऑनलाइन पत्रिकाओं ने पढ़ने के अनुभव को कई तरीकों से बेहतर बनाया है। इसके प्रमुख फायदे :

1. **पढ़ने में आसानी :** ऑनलाइन पत्रिकाओं को कहीं भी और कभी भी पढ़ा जा सकता है। बस एक इन्टरनेट कनेक्शन और डिजिटल डिवाइस की आवश्यकता होती है।

2. **इंटरएक्टिविटी :** ऑनलाइन पत्रिकाओं में इंटरएक्टिव तत्व जैसे वीडियो, ऑडियो, और हाइपरलिंक्स होते हैं। ये पढ़ने के अनुभव को और भी रोचक और इंटरएक्टिव बनाते हैं।
3. **कम लागत :** पारम्परिक पत्रिकाओं की तुलना में, ऑनलाइन पत्रिकाएँ कम लागत पर उपलब्ध होती हैं। इससे पाठकों को आर्थिक रूप से लाभ होता है।
4. **पर्यावरण अनुकूल :** ऑनलाइन पत्रिकाएँ पर्यावरण के लिए भी लाभकारी हैं क्योंकि इनमें कागज की जरूरत नहीं होती। इससे वृक्षों की कटाई में कमी आती है और पर्यावरण संरक्षण में मदद मिलती है।
5. **अनन्त संग्रहण :** ऑनलाइन पत्रिकाओं को डिजिटल डिवाइस में संग्रहीत किया जा सकता है, जिससे बड़ी संख्या में पत्रिकाओं को एक ही जगह पर रखा जा सकता है।

ऑनलाइन पत्रिकाओं से जुड़ी चुनौतियाँ

ऑनलाइन पत्रिकाओं के कई फायदे होने के बावजूद, इनमें कुछ चुनौतियाँ भी हैं जिन्हें समझना और समाधान निकालना आवश्यक है।

1. **डिजिटल विभाजन :** सभी लोगों के पास इन्टरनेट और डिजिटल डिवाइस की सुविधा नहीं होती, जिससे वे ऑनलाइन पत्रिकाओं का लाभ नहीं उठा सकते।
2. **डेटा सुरक्षा :** ऑनलाइन पत्रिकाओं में डेटा सुरक्षा एक महत्त्वपूर्ण मुद्दा है। साइबर हमलों और डेटा चोरी का खतरा हमेशा बना रहता है।
3. **कॉपीराइट और पायरेसी :** ऑनलाइन पत्रिकाओं में कॉपीराइट और पायरेसी की समस्याएँ भी सामने आती हैं। बिना अनुमति के सामग्री की कॉपी करना और वितरित करना अवैध है।
4. **गुणवत्तापूर्ण सामग्री :** ऑनलाइन पत्रिकाओं में कभी-कभी गुणवत्तापूर्ण सामग्री का अभाव होता है। सटीक और तथ्यात्मक जानकारी प्रस्तुत करना आवश्यक है।

ऑनलाइन पत्रिकाओं का भविष्य

तकनीकी प्रगति के साथ इसमें और भी नवाचार देखने को मिल सकते हैं

अध्याय - 27

ई-मेल

ई-मेल, जिसे इलेक्ट्रॉनिक मेल भी कहा जाता है, ने संचार के क्षेत्र में क्रान्ति ला दी है। यह इन्टरनेट के माध्यम से संदेश भेजने और प्राप्त करने का एक त्वरित और प्रभावी तरीका है।

यह एक डिजिटल संदेश है जो टेक्स्ट, फाइलों, चित्रों या अटैचमेंट को भेजने के लिए उपयोग किया जाता है।

दुनिया का सबसे पहला e-mail Ray Tomlinson के द्वारा सन 1971 में सबसे पहली बार भेजा गया था। एक test e-mail message के तोर पर Tomlinson ने उस e- mail को खुदको ही भेजा जिसमें उन्होंने कुछ text लिखे थे, जो थे "QWERTYUIOP"

उस e-mail message को ARPANET के माध्यम से transmit किया गया। Ray Tomlinson को ई-मेल का जन्मदाता भी कहा जाता है।

ई-मेल का महत्त्व

ई-मेल ने व्यक्तिगत और व्यावसायिक संचार को सरल, तेज़ और प्रभावी बना दिया है। यह न केवल संदेश भेजने का माध्यम है, बल्कि दस्तावेजों, चित्रों, और अन्य फाइलों को साझा करने का भी एक महत्त्वपूर्ण तरीका है।

1. **त्वरित संचार :** ई-मेल के माध्यम से संदेश तुरन्त भेजा और प्राप्त किया जा सकता है। इससे समय की बचत होती है और संचार की गति बढ़ती है।
2. **वैश्विक पहुँच :** ई-मेल ने संचार को वैश्विक बना दिया है। अब आप किसी भी व्यक्ति को, चाहे वह दुनिया के किसी भी कोने में हो, आसानी से संदेश भेज सकते हैं।
3. **दस्तावेज़ साझा करना :** ई-मेल के माध्यम से आप दस्तावेज़, चित्र, और अन्य फाइलें साझा कर सकते हैं। यह व्यवसायिक और शैक्षिक कार्यों में विशेष रूप से उपयोगी है।

ई-मेल के प्रकार

ई-मेल के विभिन्न प्रकार होते हैं जो विभिन्न आवश्यकताओं और उपयोग के मामलों को पूरा करते हैं।

1. **व्यक्तिगत ई-मेल :** व्यक्तिगत ई-मेल का उपयोग मित्रों, परिवार और व्यक्तिगत सम्पर्कों के साथ संचार के लिए किया जाता है। यह दैनिक जीवन में उपयोग होने वाला सबसे सामान्य प्रकार का ई-मेल है।
2. **व्यावसायिक ई-मेल :** व्यावसायिक ई-मेल का उपयोग व्यवसायिक संचार के लिए किया जाता है। इसमें कार्यालय के काम, परियोजनाएँ, और व्यवसायिक समझौतों से सम्बन्धित संदेश होते हैं।
3. **प्रमोशनल ई-मेल :** प्रमोशनल ई-मेल का उपयोग उत्पादों और सेवाओं को प्रचारित करने के लिए किया जाता है। कंपनियाँ अपने ग्राहकों को नए उत्पादों, ऑफर्स, और सेवाओं के बारे में सूचित करने के लिए इनका उपयोग करती हैं।
4. **न्यूज़लेटर :** न्यूज़लेटर ई-मेल का उपयोग सूचनात्मक सामग्री और अपडेट्स प्रदान करने के लिए किया जाता है। ये अक्सर कंपनियों, संस्थाओं, और संगठनों द्वारा उनके ग्राहकों और समर्थकों को भेजे जाते हैं।

ई-मेल के फायदे

ई-मेल ने संचार के तरीके को कई प्रकार से बेहतर बनाया है। आइए जानें इसके प्रमुख फायदे :

1. **लागत प्रभावी :** ई-मेल भेजना बहुत ही सस्ता होता है। इसके लिए किसी डाक शुल्क या कागज की आवश्यकता नहीं होती।
2. **रिकॉर्ड कीपिंग :** ई-मेल के माध्यम से भेजे गए और प्राप्त किए गए संदेशों को रिकॉर्ड के रूप में रखा जा सकता है। इससे आवश्यक जानकारी को ट्रैक करना और संदर्भित करना आसान हो जाता है।
3. **संलग्नक :** ई-मेल के माध्यम से आप विभिन्न प्रकार की फाइलें संलग्न कर सकते हैं। यह दस्तावेज़ों, चित्रों, और अन्य महत्त्वपूर्ण फाइलों को साझा करने का एक आसान तरीका है।
4. **बहु-प्राप्तकर्ता :** ई-मेल को एक साथ कई प्राप्तकर्ताओं को भेजा जा सकता है। यह समूह संचार के लिए विशेष रूप से उपयोगी है।

ई-मेल से जुड़ी चुनौतियाँ

ई-मेल के कई फायदे होने के बावजूद, इसमें कुछ चुनौतियाँ भी हैं जिन्हें समझना और समाधान निकालना आवश्यक है।

1. **स्पैम और फिशिंग :** ई-मेल स्पैम और फिशिंग हमलों का शिकार हो सकता है। स्पैम अनचाही ईमेल्स होते हैं, जबकि फिशिंग हमले धोखाधड़ी वाले ई-मेल होते हैं जो व्यक्तिगत जानकारी चुराने का प्रयास करते हैं।
2. **सुरक्षा चिन्ताएँ :** ई-मेल के माध्यम से संवेदनशील जानकारी भेजते समय सुरक्षा की चिन्ता होती है। साइबर हमलों और डेटा चोरी का खतरा हमेशा बना रहता है।
3. **अधिभार :** कई लोगों के इनबॉक्स में ई-मेल का अधिभार हो सकता है, जिससे महत्त्वपूर्ण संदेश छूट सकते हैं। यह संगठन और प्राथमिकता के लिए चुनौतीपूर्ण हो सकता है।
4. **तकनीकी समस्याएँ :** कभी-कभी तकनीकी समस्याओं के कारण ई-मेल भेजने और प्राप्त करने में समस्या हो सकती है। इन्टरनेट कनेक्टिविटी और सर्वर की समस्याएँ इसका मुख्य कारण हो सकती हैं।

ई-मेल का उपयोग कैसे करें

ई-मेल का उपयोग करने के लिए कुछ सरल चरण होते हैं, जिनका पालन करके आप आसानी से ई-मेल भेज और प्राप्त कर सकते हैं।

1. **ई-मेल खाता बनाना :** ई-मेल का उपयोग करने के लिए सबसे पहले आपको एक ई-मेल खाता बनाना होगा। इसके लिए कई सेवाएँ उपलब्ध हैं जैसे Gmail, Yahoo, Outlook आदि।
2. **संदेश लिखना :** संदेश लिखते समय, विषय पंक्ति (subject line) में संक्षिप्त और स्पष्ट जानकारी दें। मुख्य संदेश को विनम्र और प्रभावी तरीके से लिखें।
3. **संलग्नक जोड़ना :** यदि आपको कोई फाइल, चित्र, या दस्तावेज़ संलग्न करना है, तो "अटैच" बटन का उपयोग करें और आवश्यक फाइल जोड़ें।
4. **प्राप्तकर्ता चुनना :** प्राप्तकर्ता का ई-मेल पता सही ढंग से दर्ज करें। यदि आपको एक ही ई-मेल कई लोगों को भेजना है, तो CC (कॉपी) और BCC (ब्लाइंड कॉपी) विकल्प का उपयोग कर सकते हैं।
5. **संदेश भेजना :** संदेश लिखने और संलग्नक जोड़ने के बाद, "भेजें" (send) बटन पर क्लिक करें। आपका संदेश तुरन्त भेज दिया जाएगा।

ई-मेल के लिए सर्वोत्तम प्रथाएँ

ई-मेल का सही और प्रभावी उपयोग करने के लिए कुछ सर्वोत्तम प्रथाएँ अपनानी चाहिए :

1. **संक्षिप्त और स्पष्ट :** ई-मेल संदेश को संक्षिप्त और स्पष्ट रखें। अनावश्यक जानकारी से बचें और मुख्य बिंदुओं पर ध्यान केन्द्रित करें।
2. **विनम्रता और शिष्टाचार :** ई-मेल लिखते समय विनम्रता और शिष्टाचार का पालन करें। उचित अभिवादन और समापन शब्दों का उपयोग करें।
3. **ई-मेल सिग्नेचर :** एक पेशेवर ई-मेल सिग्नेचर का उपयोग करें जिसमें आपका नाम, पद, और सम्पर्क जानकारी शामिल हो।
4. **स्पैम से बचाव :** अनचाहे ईमेल्स और स्पैम से बचने के लिए अपने ई-मेल पते को सार्वजनिक रूप से साझा न करें। स्पैम फिल्टर का उपयोग करें।
5. **समय पर उत्तर देना :** प्राप्त ई-मेल का उत्तर समय पर दें। इससे संचार कुशल और प्रभावी बना रहेगा।

अध्याय - 28

कृत्रिम बुद्धिमत्ता

(आर्टिफिशियल इंटेलिजेंस)

कृत्रिम बुद्धिमत्ता, जिसे आर्टिफिशियल इंटेलिजेंस (AI) भी कहा जाता है, आज के डिजिटल युग में तेज़ी से विकास कर रही एक प्रौद्योगिकी है। यह कम्प्यूटर सिस्टम और मशीनों को मानव जैसी बुद्धिमत्ता प्रदान करने की क्षमता को संदर्भित करता है। AI के माध्यम से मशीनें सीख सकती हैं, समझ सकती हैं, और निर्णय ले सकती हैं। AI के जनक जॉन मैकार्थी हैं।

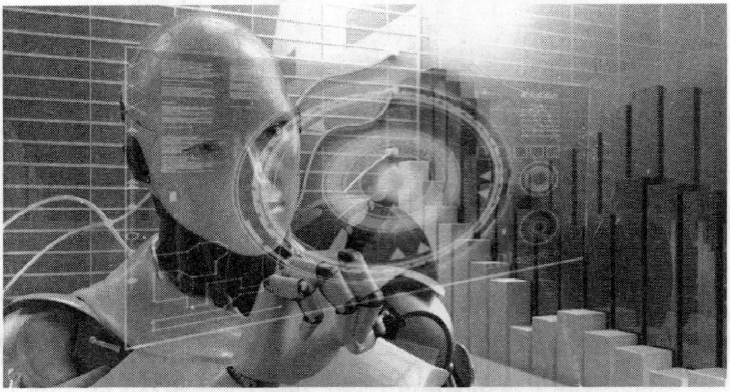

कृत्रिम बुद्धिमत्ता का महत्त्व

कृत्रिम बुद्धिमत्ता ने विभिन्न क्षेत्रों में क्रान्ति ला दी है। यह न केवल तकनीकी उन्नति का प्रतीक है, बल्कि हमारे दैनिक जीवन को भी सरल और प्रभावी बनाने में सहायक है।

1. **स्वचालन (ऑटोमेशन) :** AI के माध्यम से स्वचालन संभव हो सका है। मशीनें बिना मानव हस्तक्षेप के कार्य कर सकती हैं, जिससे उत्पादन

और सेवाओं की गुणवत्ता और गति में सुधार होता है।

2. **डेटा विश्लेषण :** AI की मदद से बड़े पैमाने पर डेटा का विश्लेषण करना आसान हो गया है। यह व्यवसायों को महत्त्वपूर्ण निर्णय लेने में सहायता करता है।

3. **स्वास्थ्य सेवा :** चिकित्सा क्षेत्र में AI का उपयोग रोग निदान, उपचार योजना, और रोगी देखभाल में किया जा रहा है। यह स्वास्थ्य सेवाओं की गुणवत्ता और उपलब्धता में सुधार कर रहा है।

4. **शिक्षा : AI** ने शिक्षा के क्षेत्र में भी महत्त्वपूर्ण योगदान दिया है। यह व्यक्तिगत शिक्षा और स्मार्ट लर्निंग सिस्टम के माध्यम से छात्रों को बेहतर सीखने के अनुभव प्रदान करता है।

कृत्रिम बुद्धिमत्ता के प्रकार

कृत्रिम बुद्धिमत्ता के विभिन्न प्रकार होते हैं जो विभिन्न कार्यों और अनुप्रयोगों के लिए उपयोग किए जाते हैं।

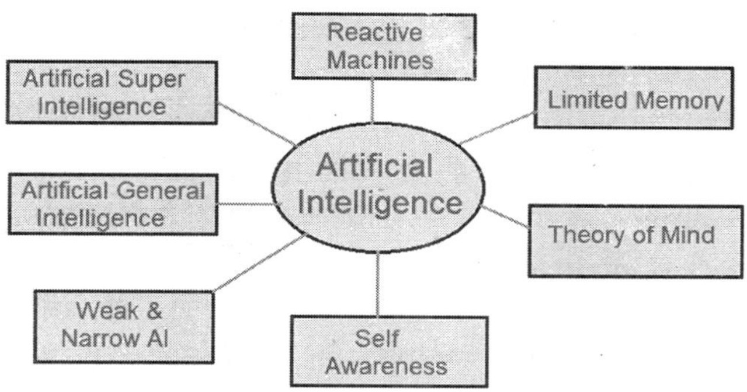

1. **संकीर्ण AI (Narrow Al) :** संकीर्ण AI को कमजोर AI भी कहा जाता है। यह एक विशिष्ट कार्य को करने के लिए डिज़ाइन किया गया होता है, जैसे वॉयस असिस्टेंट, सर्च इंजन, या सिफारिश प्रणाली। उदाहरण: सिरी, एलेक्सा।

2. **सामान्य AI (General Al) :** सामान्य AI को मजबूत AI भी कहा जाता है। यह इंसानों की तरह सामान्य बुद्धिमत्ता प्रदर्शित कर सकता है और विभिन्न कार्यों को स्वतन्त्र रूप से कर सकता है। हालांकि, सामान्य AI अभी तक पूरी तरह विकसित नहीं हुआ है।

3. **सुपरइंटेलिजेंस :** सुपरइंटेलिजेंस वह चरण है जहाँ AI इंसानों की अधिक बुद्धिमान हो जाएगा। यह भविष्य में संभव हो सकता है और इसके व्यापक प्रभाव होंगे।
4. **प्रतिक्रियाशील मशीन :** आर्टिफीसियल इंटेलिजेंस का सबसे सरल प्रकार है। यह मशीन बेसिक कार्यों को पूरा करती है। यह यूजर की जरूरतों के मुताबिक react करती है। इसलिए इसे reactive machine कहते है। Reactive machines का सबसे अच्छा उदहारण Google का AlphaGo है।
5. **सीमित स्मृति :** सीमित स्मृति Limited memory एक प्रकार का AI है जो पुराने data को कुछ समय के लिए ही store करके रख सकता है। Limited memory का उपयोग खुद से चलने वाली car में किया जाता है। यह कार अपनी आस पास की cars की speed, उनके बीच की दूरी और दूसरी information को स्टोर करके रख सकती है। इसका सबसे बेहतर उदाहरण tesla कार है।
6. **आत्म जागरूक एआई :** Self-awareness आर्टिफिशियल इंटेलिजेंस का भविष्य है। यह AI बहुत ही ज्यादा intelligent होगा और इनका खुद का emotion (भावनाएं), चेतना और दिमाग होगा।

   इस AI का दिमाग इंसान से भी तेज़ होगा। आने वाले समय में self-awareness की वजह से डिजिटल कम्प्यूटर या रोबोट इंसानो से भी ज्यादा intelligent और smart हो जायँगे और उस समय की मशीने self-aware होंगी और सही गलत फैसलों का निर्णय स्वयं लेने में सक्षम होगी। हलाकि इस समय self- awareness AI उपलब्ध नहीं है। यह आने वाले समय की एक कल्पना है।
7. **मस्तिष्क का सिद्धांत :** "theory of mind" एक प्रकार का AI है जो इंसान के स्वभाव को समझ सकता है और इंसानों की तरह बात बात भी कर सकता है। सरल भाषा में समझें तो theory of mind इंसानों के विचारों (thoughts) को समझकर उनसे से बाते कर सकता है। जिस प्रकार दो मनुष्य आपस में बाते करते है ठीक उसी प्रकार theory of mind में भी कम्प्यूटर और इंसान आपस में बाते कर सकते है। लेकिन theory of mind तकनीक अभी पूरी तरह से develop नहीं हुई है। इस तकनीक पर अभी रिसर्च जारी है।

कृत्रिम बुद्धिमत्ता के उपयोग

AI का उपयोग विभिन्न क्षेत्रों में किया जा रहा है, जिससे जीवन के विभिन्न पहलुओं में सुधार हो रहा है।

1. **ग्राहक सेवा :** चैटबॉट्स और वर्चुअल असिस्टेंट्स का उपयोग ग्राहकों के प्रश्नों का उत्तर देने और सहायता प्रदान करने के लिए किया जाता है। यह सेवा की गति और गुणवत्ता में सुधार करता है।
2. **परिवहन :** स्वायत्त वाहन और ड्राइवरलेस कारें AI का उत्कृष्ट उदाहरण हैं। यह यातायात सुरक्षा और दक्षता में सुधार कर रहा है।
3. **वित्त :** -वित्तीय क्षेत्र में AI का उपयोग धोखाधड़ी का पता लगाने, निवेश के निर्णय लेने, और ग्राहक सेवा में किया जा रहा है। यह जोखिम प्रबंधन में भी सहायक है।
4. **मनोरंजन :** AI का उपयोग फिल्म सिफारिश, संगीत सिफारिश, और गेमिंग में किया जाता है। यह उपयोगकर्ताओं के अनुभव को व्यक्तिगत और बेहतर बनाता है।
5. **कृषि :** AI के माध्यम से कृषि में फसलों की निगरानी, बीमारी का पता लगाने, और खेती की प्रक्रियाओं को स्वचालित किया जा रहा है। इससे उत्पादन बढ़ाने और संसाधनों की बचत में मदद मिलती है।

कृत्रिम बुद्धिमत्ता की चुनौतियाँ

AI के विकास और उपयोग के साथ कई चुनौतियाँ भी जुड़ी हैं जिन्हें संबोधित करना महत्त्वपूर्ण है।

1. **नैतिकता और गोपनीयता :** AI के उपयोग से जुड़े नैतिक और गोपनीयता मुद्दे गंभीर हैं। डेटा की गोपनीयता और सुरक्षा सुनिश्चित करना महत्त्वपूर्ण है।
2. **रोजगार :** AI के कारण स्वचालन बढ़ने से कुछ रोजगारों में कमी हो सकती है। इससे बेरोजगारी और सामाजिक असमानता की समस्या उत्पन्न हो सकती है।
3. **पूर्वाग्रह :** AI सिस्टम में पूर्वाग्रह हो सकता है यदि वे पक्षपाती डेटा पर आधारित हैं। यह निर्णय लेने में त्रुटि और असमानता पैदा कर सकता है।
4. **सुरक्षा :** AI सिस्टम को हैकिंग और साइबर हमलों से सुरक्षित रखना महत्त्वपूर्ण है। सुरक्षा खामियों के कारण गंभीर नुकसान हो सकता है।

कृत्रिम बुद्धिमत्ता का भविष्य

AI का भविष्य अत्यन्त उज्ज्वल है और इसमें अनेक संभावनाएँ हैं। आइए जानें कि आने वाले समय में AI का कैसा भविष्य हो सकता है:

1. **चिकित्सा और स्वास्थ्य :** भविष्य में AI चिकित्सा क्षेत्र में और अधिक उन्नत हो जाएगा। रोग निदान, दवाओं का विकास, और व्यक्तिगत उपचार में AI की भूमिका बढ़ेगी।
2. **शिक्षा :** शिक्षा के क्षेत्र में AI छात्रों के लिए व्यक्तिगत और अनुकूलित शिक्षा अनुभव प्रदान करेगा। स्मार्ट क्लासरूम और वर्चुअल शिक्षण में AI का उपयोग बढ़ेगा।
3. **स्मार्ट सिटी :** AI के माध्यम से स्मार्ट सिटी का निर्माण किया जाएगा जहाँ सभी सुविधाएँ और सेवाएँ आपस में जुड़ी होंगी। यह ऊर्जा प्रबंधन, यातायात नियंत्रण, और सार्वजनिक सुरक्षा में मदद करेगा।
4. **रोबोटिक्स :** रोबोटिक्स में AI का उपयोग बढ़ेगा और रोबोट्स मानव जीवन के विभिन्न क्षेत्रों में सहायक बनेंगे। घरेलू कार्य, चिकित्सा सेवा, और औद्योगिक उत्पादन में रोबोट्स का व्यापक उपयोग होगा।

अध्याय - 2

अध्याय 29 : मशीन लर्निंग

मशीन लर्निंग (Machine Learning) कृत्रिम बुद्धिमत्ता (AI) की एक शाखा है जो कम्प्यूटर सिस्टम को स्वचालित रूप से सीखने और सुधार करने की क्षमता प्रदान करती है। जैसे हम इन्सान चीजों को अपने अनुभव से सीखते है वैसे ही मशीन या कम्प्यूटर बिना इन्सान की मदद से खुद से सीखते है। मशीन या कम्प्यूटर की खुद से learn करने की ability (काबिलियत) मशीन लर्निंग कहलाती है। मशीन लर्निंग का अविष्कार 1959 में Arthur Samuel ने किया। मशीन लर्निंग में कम्प्यूटर या मशीन को बेहतर बनाने के लिए algorithms का प्रयोग किया जाता है जो सिस्टम को सोचने और समझने की छमता प्रदान करता है। इसके algorithm का प्रयोग बहुत से कार्यो में किया जाता है जैसे— medicine, email filtering, speech recognition, और computer vision आदि।

मशीन लर्निंग का महत्त्व

मशीन लर्निंग ने तकनीकी और वैज्ञानिक प्रगति में महत्त्वपूर्ण भूमिका निभाई है। इसके कई महत्त्वपूर्ण फायदे हैं:

1. डेटा विश्लेषण में सुधार: - मशीन लर्निंग का उपयोग बड़े डेटा सेट्स के विश्लेषण में किया जाता है। यह डेटा में पैटर्न और रुझान की पहचान करने में सक्षम होता है, जिससे निर्णय लेना आसान हो जाता है।

2. भविष्यवांणी करना: - मशीन लर्निंग एल्गोरिदम का उपयोग भविष्यवाणी करने के लिए किया जा सकता है। उदाहरण के लिए, मौसम पूर्वानुमान, स्टॉक मार्केट की भविष्यवाणी, और स्वास्थ्य जोखिम का अनुमान लगाना।

3. स्वचालन: मशीन लर्निंग स्वचालन को बढ़ावा देता है, जिससे कई कार्य बिना मानव हस्तक्षेप के किए जा सकते हैं। यह उत्पादन और सेवाओं की गुणवत्ता और गति में सुधार करता है।

4. व्यक्तिगत अनुभव : मशीन लर्निंग का उपयोग व्यक्तिगत अनुभवों को अनुकूलित करने के लिए किया जा सकता है। उदाहरण के लिए, सिफारिश प्रणाली (जैसे नेटफ्लिक्स या अमेज़न पर) उपयोगकर्ता की पसंद के आधार पर सिफारिशें देती हैं।

मशीन लर्निंग के प्रकार

मशीन लर्निंग को मुख्यतः तीन प्रकारों में वर्गीकृत किया जा सकता है:

1. सुपरवाइज्ड लर्निंग (Supervised Learning): सुपरवाइज्ड लर्निंग में, मॉडल को प्रशिक्षित करने के लिए लेबल्ड डेटा का उपयोग किया जाता है। इसमें इनपुट और आउटपुट डेटा होते हैं, और मॉडल इनपुट से आउटपुट की भविष्यवाणी करना सीखता है। उदाहरण: ई-मेल स्पैम डिटेक्शन, छवि वर्गीकरण।

2. अनसुपरवाइज्ड लर्निंग (Unsupervised Learning): अनसुपरवाइज्ड लर्निंग में, मॉडल को अनलेबल्ड डेटा का उपयोग करके प्रशिक्षित किया जाता है। इसमें कोई स्पष्ट आउटपुट नहीं होता है, और मॉडल डेटा में पैटर्न और समूहों की पहचान करता है। उदाहरण: क्लस्टरिंग, एसोसिएशन।

3. रिइंफोर्समेंट लर्निंग (Reinforcement Learning): रिइंफोर्समेंट लर्निंग में, मॉडल को एक वातावरण के साथ बातचीत करके सीखने के लिए प्रशिक्षित किया जाता है। इसमें मॉडल को विभिन्न कार्यों को करने के लिए पुरस्कृत

या दंडित किया जाता है, और इसका लक्ष्य अधिकतम पुरस्कार प्राप्त करना होता है। उदाहरण: गेम खेलना, रोबोटिक्स।

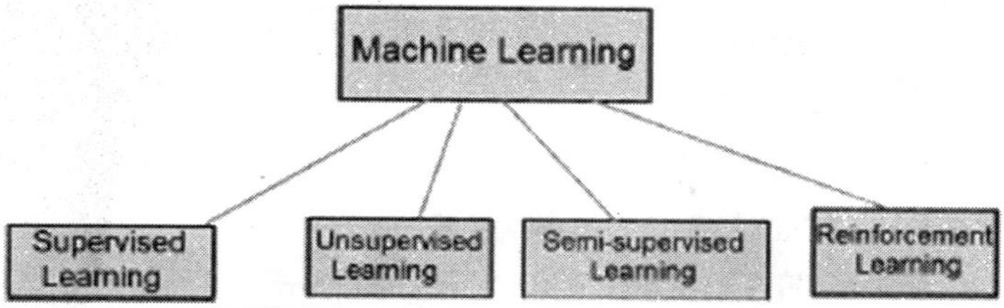

मशीन लर्निंग का एक नया फील्ड है जिसे हम inductive learning कहते है. inductive learning को नए नियमों को लाने तथा भविष्य के क्रियाकलापों (activities) को predict करने के लिए बनाया गया है।

inductive learning एक ऐसी लर्निंग है जिसको observation तथा knowledge (नियमों तथा निष्कर्षों की) से प्राप्त किया जाता है।

दूसरे शब्दों में कहें तो, " inductive learning उदाहरणों के द्वारा सीखने की एक प्रक्रिया है"

मशीन लर्निंग के उपयोग

मशीन लर्निंग का उपयोग विभिन्न क्षेत्रों में किया जा रहा है, जिससे जीवन के विभिन्न पहलुओं में सुधार हो रहा है।

1. स्वास्थ्य सेवा - मशीन लर्निंग का उपयोग रोग निदान, उपचार योजना, और रोगी देखभाल में किया जा रहा है। उदाहरण: कैंसर निदान, मेडिकल इमेज एनालिसिस।

2. वित्त : वित्तीय क्षेत्र में मशीन लर्निंग का उपयोग धोखाधड़ी का पता लगाने, निवेश के निर्णय लेने, और ग्राहक सेवा में किया जा रहा है। उदाहरण: क्रेडिट स्कोरिंग, अल्गोरिदमिक ट्रेडिंग।

3. कृषि : मशीन लर्निंग का उपयोग कृषि में फसलों की निगरानी, बीमारी का पता लगाने, और खेती की प्रक्रियाओं को स्वचालित करने के लिए किया जा रहा है। उदाहरण: स्मार्ट इरिगेशन, फसल भविष्यवाणी।

4. शिक्षा : मशीन लर्निंग का उपयोग शिक्षा के क्षेत्र में छात्रों के लिए व्यक्तिगत और अनुकूलित शिक्षा अनुभव प्रदान करने के लिए किया जा रहा है। उदाहरण: स्मार्ट ट्यूटरिंग सिस्टम, शिक्षा सामग्री की सिफारिश।

5. खुदरा : खुदरा क्षेत्र में मशीन लर्निंग का उपयोग ग्राहकों की खरीदारी की आदतों का विश्लेषण करने और उन्हें व्यक्तिगत सिफारिशें देने के लिए किया जा रहा है। उदाहरण: उत्पाद सिफारिश प्रणाली, इन्वेंटरी प्रबंधन।

मशीन लर्निंग की चुनौतियाँ

मशीन लर्निंग के कई फायदे होने के बावजूद, इसमें कुछ चुनौतियाँ भी हैं जिन्हें समझना और समाधान निकालना आवश्यक है।

1. डेटा की गुणवत्ता और मात्रा : मशीन लर्निंग मॉडल की सटीकता और प्रभावशीलता डेटा की गुणवत्ता और मात्रा पर निर्भर करती है। खराब गुणवत्ता या अपर्याप्त डेटा से गलत भविष्यवाणियाँ हो सकती हैं।

2. पूर्वाग्रह और निष्पक्षता: मशीन लर्निंग मॉडल में पूर्वाग्रह हो सकता है यदि वे पक्षपाती डेटा पर आधारित हैं। यह निर्णय लेने में त्रुटि और असमानता पैदा कर सकता है।

3. व्याख्यात्मकता: मशीन लर्निंग मॉडल के निर्णयों को समझना और व्याख्या करना कठिन हो सकता है, खासकर गहरे शिक्षण (Deep Learning) मॉडल के मामले में। यह विश्वास और पारदर्शिता में कमी पैदा कर सकता है।

4. सुरक्षा और गोपनीयता : मशीन लर्निंग मॉडल को हैकिंग और साइबर हमलों से सुरक्षित रखना महत्त्वपूर्ण है। डेटा गोपनीयता और सुरक्षा सुनिश्चित करना आवश्यक है।

5. संसाधनों की आवश्यकता : मशीन लर्निंग मॉडल को प्रशिक्षित करने और तैनात करने के लिए उच्च गणनात्मक संसाधनों और उन्नत हार्डवेयर की आवश्यकता होती है। यह छोटे संगठनों और व्यक्तियों के लिए चुनौतीपूर्ण हो सकता है।

मशीन लर्निंग का भविष्य

मशीन लर्निंग का भविष्य अत्यन्त उज्ज्वल है और इसमें अनेक संभावनाएँ हैं। आइए जानें कि आने वाले समय में मशीन लर्निंग का कैसा भविष्य हो सकता है:

1. चिकित्सा और स्वास्थ्य: भविष्य में मशीन लर्निंग चिकित्सा क्षेत्र में और अधिक उन्नत हो जाएगा। रोग निदान, दवाओं का विकास, और व्यक्तिगत उपचार में मशीन लर्निंग की भूमिका बढ़ेगी।

2. स्मार्ट सिटी: मशीन लर्निंग के माध्यम से स्मार्ट सिटी का निर्माण किया

जाएगा जहाँ सभी सुविधाएँ और सेवाएँ आपस में जुड़ी होंगी। यह ऊर्जा प्रबंधन, यातायात नियंत्रण, और सार्वजनिक सुरक्षा में मदद करेगा।

3. रोबोटिक्स: रोबोटिक्स में मशीन लर्निंग का उपयोग बढ़ेगा और रोबोट्स मानव जीवन के विभिन्न क्षेत्रों में सहायक बनेंगे। घरेलू कार्य, चिकित्सा सेवा, और औद्योगिक उत्पादन में रोबोट्स का व्यापक उपयोग होगा।

4. शिक्षा: शिक्षा के क्षेत्र में मशीन लर्निंग छात्रों के लिए व्यक्तिगत और अनुकूलित शिक्षा अनुभव प्रदान करेगा। स्मार्ट क्लासरूम और वर्चुअल शिक्षण में मशीन लर्निंग का उपयोग बढ़ेगा।

5. पर्यावरण संरक्षण : मशीन लर्निंग का उपयोग पर्यावरण संरक्षण में भी किया जाएगा। यह वन संरक्षण, जलवायु परिवर्तन की निगरानी, और प्राकृतिक आपदाओं का पूर्वानुमान लगाने में सहायक होगा।

अध्याय - 30

हिन्दी टाइपिंग

आज के डिजिटल युग में, हिन्दी टाइपिंग का महत्त्व बढ़ गया है। इन्टरनेट और कम्प्यूटर के व्यापक उपयोग के कारण, हिन्दी में टाइप करना एक महत्त्वपूर्ण कौशल बन गया है।

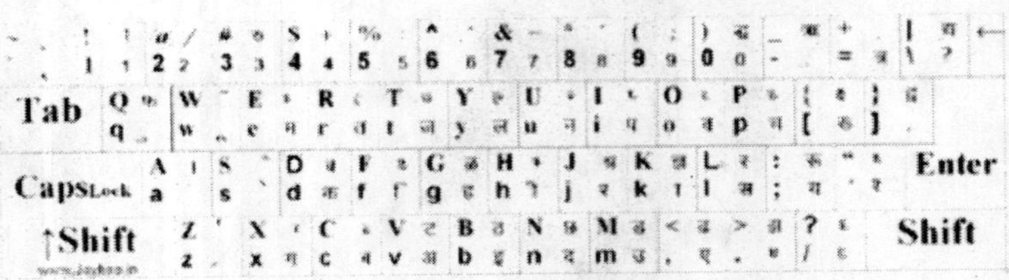

Alt + 143	[illegible]	Alt + 0205	[illegible]	Alt + 0214	[illegible]	Alt + 0228	[illegible]
Alt + 171	)	Alt + 0206	[illegible]	Alt + 0216	[illegible]	Alt + 0186	[illegible]
Alt + 172	(	Alt + 0231	[illegible]	Alt + 0217	[illegible]	Alt + 0240	[illegible]
Alt + 173	[illegible]	Alt + 0165	[illegible]	Alt + 0221	[illegible]	Alt + 0244	[illegible]
Alt + 132	[illegible]	Alt + 0207	[illegible]	Alt +0184	[illegible]	Alt + 0204	[illegible]
Alt + 0170	[illegible]	Alt+ 0209/0151	[illegible]	Alt + 0225	[illegible]	Alt + 0212	[illegible]
Alt + 0182	[illegible]	Alt + 0211	[illegible]	Alt + 0226	[illegible]	Alt + 0227	[illegible]
Alt + 0190	[illegible]	Alt + 0130	[illegible]	Alt + 0131	[illegible]	Alt + 0158	[illegible]
Alt + 0222	"	Alt + 0223	[illegible]	Alt + 0163	[illegible]	Alt +0179	[illegible]

हिन्दी टाइपिंग का महत्त्व

हिन्दी टाइपिंग का महत्त्व कई कारणों से है। यह न केवल हिन्दी भाषा को प्रोत्साहित करने में मदद करता है, बल्कि

यह डिजिटल मीडिया, शिक्षा, और व्यवसायिक संचार में भी महत्त्वपूर्ण भूमिका निभाता है।

1. भाषा का संरक्षण और प्रचार:- हिन्दी टाइपिंग हिन्दी भाषा के संरक्षण और प्रचार में महत्त्वपूर्ण भूमिका निभाता है। यह सुनिश्चित करता है कि हिन्दी भाषा डिजिटल प्लेटफार्म पर भी जीवित रहे और विस्तारित हो।

2. सरकारी और व्यवसायिक कार्य : सरकारी कार्यालयों, व्यवसायिक संस्थानों और शैक्षिक संस्थानों में हिन्दी

टाइपिंग की आवश्यकता होती है। यह दस्तावेजों, रिपोर्टों, और पत्राचार को हिन्दी में तैयार करने में मदद करता है।

3. सोशल मीडिया और ब्लॉगिंग : सोशल मीडिया और ब्लॉगिंग के क्षेत्र में हिन्दी टाइपिंग का महत्त्व बढ़ गया है।

लोग अपनी भावनाओं, विचारों और जानकारियों को हिन्दी में साझा करना पसंद करते हैं।

4. शिक्षा और अनुसंधान: हिन्दी टाइपिंग शैक्षिक और अनुसंधान कार्यों में महत्त्वपूर्ण है। यह छात्रों और शोधकर्ताओं को हिन्दी में टाइप करने और अपनी सामग्री को प्रस्तुत करने में मदद करता है।

हिन्दी टाइपिंग की विधियाँ

हिन्दी टाइपिंग के कई तरीके हैं, जिनमें विभिन्न प्रकार के कीबोर्ड लेआउट और सॉफ्टवेयर शामिल हैं। यहाँ कुछ प्रमुख विधियों का विवरण दिया गया है:

1. इनस्क्रिप्ट कीबोर्ड : इनस्क्रिप्ट कीबोर्ड भारत सरकार द्वारा मान्यता प्राप्त मानक कीबोर्ड लेआउट है। यह कीबोर्ड हिन्दी और अन्य भारतीय भाषाओं के लिए डिज़ाइन किया गया है और इसे सीखना और उपयोग करना आसान है।

2. रेमिंगटन कीबोर्ड : रेमिंगटन कीबोर्ड लेआउट पुराने टाइपराइटर के आधार पर डिज़ाइन किया गया है। यह टाइपिस्टों के लिए परिचित और उपयोग में आसान होता है, जो टाइपराइटर पर टाइपिंग कर चुके हैं।

3. फोनेटिक कीबोर्ड : फोनेटिक कीबोर्ड लेआउट अंग्रेज़ी अक्षरों के आधार पर हिन्दी अक्षरों को टाइप करने की अनुमति देता है। यह उन लोगों के लिए उपयोगी है जो अंग्रेज़ी टाइपिंग में पारंगत हैं और हिन्दी टाइपिंग सीखना चाहते हैं।

4. यूनिकोड : यूनिकोड एक मानक है जो विभिन्न भाषाओं के लिए अद्वितीय कोड प्रदान करता है। हिन्दी टाइपिंग के लिए यूनिकोड का उपयोग किया जाता है, जिससे विभिन्न प्लेटफार्मों और उपकरणों पर हिन्दी टाइपिंग संभव होती है।

हिन्दी टाइपिंग सॉफ्टवेयर और उपकरण

हिन्दी टाइपिंग के लिए कई सॉफ्टवेयर और उपकरण उपलब्ध हैं जो टाइपिंग को आसान और प्रभावी बनाते हैं। यहाँ कुछ प्रमुख सॉफ्टवेयर और उपकरणों का विवरण दिया गया है:

1. गूगल इनपुट टूल्स: गूगल इनपुट टूल्स एक लोकप्रिय टाइपिंग सॉफ्टवेयर है जो आपको विभिन्न भाषाओं में टाइप करने की सुविधा प्रदान करता है। हिन्दी टाइपिंग के लिए यह एक उत्कृष्ट विकल्प है। इसे ब्राउज़र एक्सटेंशन के रूप में भी उपयोग किया जा सकता है।

2. लिपिक: लिपिक एक हिन्दी टाइपिंग सॉफ्टवेयर है जो विभिन्न कीबोर्ड लेआउट का समर्थन करता है। यह उपयोगकर्ताओं को हिन्दी में टाइप करने की सुविधा प्रदान करता है और इसकी उपयोगकर्ता-मित्रता के कारण यह लोकप्रिय है।

3. क्विलपैड: क्विलपैड एक ऑनलाइन टूल है जो फोनेटिक आधार पर हिन्दी टाइपिंग की सुविधा प्रदान करता है। आप इसे अपने ब्राउज़र में उपयोग कर सकते हैं और आसानी से हिन्दी में टाइप कर सकते हैं।

4. माइक्रोसॉफ्ट इंडिक लैंग्वेज इनपुट : माइक्रोसॉफ्ट इंडिक लैंग्वेज इनपुट टूल एक फ्री सॉफ्टवेयर है जो हिन्दी और अन्य भारतीय भाषाओं में टाइपिंग की सुविधा प्रदान करता है। यह विभिन्न कीबोर्ड लेआउट का समर्थन करता है और इसे आसानी से इंस्टॉल और उपयोग किया जा सकता है।

हिन्दी टाइपिंग सीखने के तरीके

हिन्दी टाइपिंग सीखना एक महत्त्वपूर्ण कौशल है और इसे सीखने के लिए कुछ महत्त्वपूर्ण कदम उठाए जा सकते हैं:

1. सही उपकरण और सॉफ्टवेयर का चयन: सबसे पहले, सही कीबोर्ड लेआउट और टाइपिंग सॉफ्टवेयर का चयन करें। यदि आप एक शुरुआत कर रहे हैं, तो फोनेटिक कीबोर्ड या गूगल इनपुट टूल्स का उपयोग कर सकते हैं।

2. नियमित अभ्यास: हिन्दी टाइपिंग में दक्षता प्राप्त करने के लिए नियमित अभ्यास आवश्यक है। रोजाना कम से कम आधे घंटे का अभ्यास करें और धीरे-धीरे अपनी गति और सटीकता में सुधार करें।

3. टाइपिंग ट्यूटर का उपयोग: विभिन्न ऑनलाइन टाइपिंग ट्यूटर उपलब्ध हैं जो हिन्दी टाइपिंग सीखने में मदद कर सकते हैं। ये ट्यूटर इंटरैक्टिव अभ्यास और टाइपिंग गेम्स के माध्यम से आपकी टाइपिंग में सुधार करते हैं।

4. लेखन और टाइपिंग सामग्री : हिन्दी लेखन और टाइपिंग की सामग्री को पढ़ें और टाइप करें। इससे आपकी शब्दावली बढ़ेगी और टाइपिंग में सुधार होगा।

5. धैर्य और संयम : हिन्दी टाइपिंग सीखने में धैर्य और संयम की आवश्यकता होती है। प्रारंभ में गलतियाँ होना सामान्य है, लेकिन नियमित अभ्यास और धैर्य से आप इसमें निपुण हो सकते हैं।

हिन्दी टाइपिंग के उपयोग

हिन्दी टाइपिंग का उपयोग विभिन्न क्षेत्रों में किया जा सकता है। यहाँ कुछ प्रमुख क्षेत्रों का विवरण दिया गया है :

1. सरकारी और आधिकारिक कार्य : सरकारी कार्यालयों और संस्थानों में हिन्दी टाइपिंग का उपयोग किया जाता है। सरकारी दस्तावेज, रिपोर्ट, और पत्राचार हिन्दी में तैयार किए जाते हैं।

2. शिक्षा और अनुसंधान : शैक्षिक संस्थानों और अनुसंधान केंद्रों में हिन्दी टाइपिंग का महत्त्व है। शिक्षक और छात्र अपने अध्ययन सामग्री और शोध कार्य को हिन्दी में टाइप करते हैं।

3. सोशल मीडिया और ब्लॉगिंग : सोशल मीडिया और ब्लॉगिंग के क्षेत्र में हिन्दी टाइपिंग का उपयोग बढ़ रहा है। लोग अपनी भावनाओं, विचारों और जानकारियों को हिन्दी में साझा कर रहे हैं।

4. व्यवसायिक संचार : व्यवसायिक संस्थानों में हिन्दी टाइपिंग का उपयोग व्यावसायिक संचार के लिए किया जाता है। ई-मेल, रिपोर्ट, और प्रस्तुतियों को हिन्दी में तैयार किया जाता है।

5. साहित्य और पत्रकारिता : साहित्य और पत्रकारिता के क्षेत्र में हिन्दी टाइपिंग का महत्त्वपूर्ण स्थान है। लेख, कहानियाँ, और समाचार हिन्दी में टाइप किए जाते हैं और उन्हें प्रकाशित किया जाता है।

अध्याय - 31

कक्षा रेडियो

रेडियो का आविष्कार 19वीं सदी के अंत में हुआ था और तब से लेकर अब तक, यह हमारे जीवन का महत्त्वपूर्ण हिस्सा बना हुआ है। रेडियो ने सूचना, शिक्षा और मनोरंजन के क्षेत्र में महत्त्वपूर्ण योगदान दिया है।

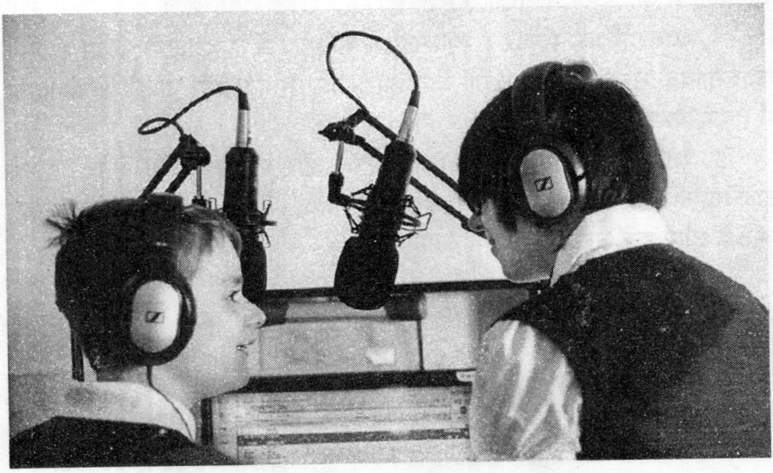

रेडियो का इतिहास

रेडियो का आविष्कार मारकोनी और टेस्ला जैसे वैज्ञानिकों ने किया था। 1895 में, गुग्लिएल्मो मारकोनी ने पहली बार रेडियो सिग्नल भेजने में सफलता प्राप्त की। इसके बाद, रेडियो का विकास तेज़ी से हुआ और यह एक प्रमुख संचार माध्यम बन गया।

1. प्रारम्भिक दिन: 1920 के दशक में, रेडियो प्रसारण की शुरुआत हुई। पहले रेडियो प्रसारण न्यूयॉर्क से किया गया था, जिसमें संगीत और समाचार शामिल थे।

2. विश्व युद्धों के दौरान : दोनों विश्व युद्धों के दौरान, रेडियो ने सूचना के प्रसार में महत्त्वपूर्ण भूमिका निभाई। यह सैनिकों और नागरिकों के लिए महत्त्वपूर्ण संदेश पहुँचाने का एक प्रभावी माध्यम था।

3. बाद के दशक : 1950 और 1960 के दशक में, रेडियो का उपयोग मनोरंजन और संगीत के लिए बढ़ गया। विभिन्न रेडियो स्टेशन और चैनल स्थापित हुए, जो विभिन्न प्रकार के कार्यक्रम प्रस्तुत करते थे।

रेडियो के प्रकार

रेडियो के विभिन्न प्रकार होते हैं, जिनका उपयोग विभिन्न उद्देश्यों के लिए किया जाता है। यहाँ कुछ प्रमुख प्रकार का विवरण दिया गया है:

1. एएम (अम्प्लीट्यूड मॉड्यूलेशन) रेडियो: एएम रेडियो प्रारम्भिक प्रकार का रेडियो है, जिसका उपयोग लंबे समय से समाचार और संगीत प्रसारण के लिए किया जा रहा है। यह लंबी दूरी तक प्रसारित होता है, लेकिन इसकी ध्वनि गुणवत्ता एफएम रेडियो से कम होती है।

2. एफएम (फ्रिक्वेंसी मॉड्यूलेशन) रेडियो: एफएम रेडियो उच्च गुणवत्ता की ध्वनि प्रदान करता है और इसका उपयोग मुख्य रूप से संगीत और मनोरंजन के लिए किया जाता है। इसकी प्रसारण सीमा एएम रेडियो से कम होती है, लेकिन ध्वनि स्पष्ट और स्थिर होती है।

3. शॉर्टवेव रेडियो: शॉर्टवेव रेडियो लंबी दूरी तक प्रसारित होता है और इसका उपयोग अंतरराष्ट्रीय प्रसारण के लिए किया जाता है। यह विभिन्न देशों के समाचार और कार्यक्रमों को सुनने के लिए उपयोगी होता है।

4. सैटेलाइट रेडियो : सैटेलाइट रेडियो उपग्रहों के माध्यम से प्रसारित होता है और यह उच्च गुणवत्ता की ध्वनि और विस्तृत प्रसारण सीमा प्रदान करता है। इसका उपयोग मुख्य रूप से वाहनों और दूरस्थ क्षेत्रों में किया जाता है।

5. इन्टरनेट रेडियो : इन्टरनेट रेडियो डिजिटल माध्यम पर आधारित है और इसका प्रसारण इन्टरनेट के माध्यम से किया जाता है। यह दुनिया भर के श्रोताओं के लिए उपलब्ध होता है और इसमें विभिन्न प्रकार के कार्यक्रम होते हैं।

रेडियो के लाभ

रेडियो के कई लाभ हैं, जो इसे एक महत्त्वपूर्ण संचार माध्यम बनाते हैं। यहाँ कुछ प्रमुख लाभों का विवरण दिया गया है:

1. व्यापक पहुँच : रेडियो का प्रसारण व्यापक होता है और यह दूरस्थ और ग्रामीण क्षेत्रों तक भी पहुँचता है, जहाँ अन्य संचार माध्यम नहीं पहुँच पाते।

2. कम लागत : रेडियो प्रसारण और रेडियो सेट की लागत कम होती है, जिससे यह सभी के लिए सुलभ होता है।

3. गतिशीलता: रेडियो पोर्टेबल होता है और इसे कहीं भी और कभी भी सुना जा सकता है। यह यात्रा के दौरान, काम करते समय, और अन्य गतिविधियों के दौरान उपयोगी होता है।

4. त्वरित सूचना: रेडियो त्वरित सूचना प्रदान करता है और आपात स्थिति में यह महत्त्वपूर्ण संदेशों को तेज़ी से प्रसारित कर सकता है।

रेडियो का शैक्षिक उपयोग

रेडियो का शैक्षिक उपयोग भी महत्त्वपूर्ण है। यह छात्रों और शिक्षकों के लिए एक महत्त्वपूर्ण संसाधन बन सकता है। यहाँ कुछ प्रमुख शैक्षिक उपयोगों का विवरण दिया गया है:

1. शैक्षिक कार्यक्रम : रेडियो पर शैक्षिक कार्यक्रम प्रसारित किए जाते हैं, जो छात्रों को विभिन्न विषयों पर जानकारी प्रदान करते हैं। यह विशेष रूप से दूरस्थ क्षेत्रों के छात्रों के लिए उपयोगी होता है।

2. भाषा शिक्षा : रेडियो का उपयोग भाषा शिक्षा के लिए भी किया जाता है। भाषा सीखने के कार्यक्रम और व्याकरण पाठ श्रोताओं को नई भाषाओं को सीखने में मदद करते हैं।

3. शैक्षिक चर्चा : रेडियो पर शैक्षिक चर्चा और डिबेट आयोजित की जाती हैं, जो छात्रों को विभिन्न मुद्दों पर विचार करने और अपनी समझ को बढ़ाने में मदद करती हैं।

4. परीक्षा की तैयारी : रेडियो पर परीक्षा की तैयारी के कार्यक्रम प्रसारित किए जाते हैं, जो छात्रों को परीक्षा की तैयारी में मार्गदर्शन प्रदान करते हैं। इसमें सवाल-जवाब सत्र और महत्त्वपूर्ण टिप्स शामिल होते हैं।

5. कृषि और ग्रामीण शिक्षा : ग्रामीण और कृषि क्षेत्रों के लिए रेडियो महत्त्वपूर्ण है। कृषि सम्बन्धित जानकारी, मौसम पूर्वानुमान, और नई तकनीकों के बारे में जानकारी प्रदान की जाती है, जो किसानों के लिए लाभकारी होती है।

रेडियो कार्यक्रमों के प्रकार

रेडियो पर विभिन्न प्रकार के कार्यक्रम प्रसारित किए जाते हैं, जो श्रोताओं की विविध रुचियों को ध्यान में रखते हैं। यहाँ कुछ प्रमुख प्रकार के रेडियो कार्यक्रमों का विवरण दिया गया है:

1. समाचार और समसामयिक घटनाएँ: रेडियो पर समाचार और समसामयिक घटनाओं का प्रसारण होता है, जो श्रोताओं को ताजगी और जानकारी प्रदान करता है।

2. संगीत कार्यक्रम : संगीत कार्यक्रम रेडियो का एक प्रमुख हिस्सा हैं। इसमें विभिन्न प्रकार के संगीत जैसे - शास्त्रीय, पॉप, रॉक, और लोक संगीत शामिल होते हैं।

3. मनोरंजन कार्यक्रम : मनोरंजन कार्यक्रमों में नाटक, हास्य, और विभिन्न प्रकार के शो शामिल होते हैं, जो श्रोताओं को मनोरंजन प्रदान करते हैं।

4. शैक्षिक कार्यक्रम: शैक्षिक कार्यक्रमों में विभिन्न विषयों पर जानकारी, व्याख्यान, और चर्चा शामिल होती हैं, जो श्रोताओं को शिक्षा और ज्ञान प्रदान करती हैं।

5. खेल कार्यक्रम : खेल कार्यक्रमों में खेल समाचार, लाइव कमेंट्री, और खेल विश्लेषण शामिल होते हैं, जो खेल प्रेमियों के लिए आकर्षक होते हैं।

अध्याय - 32

ई-जर्नल्स

ई-जर्नल्स, जिसे इलेक्ट्रॉनिक जर्नल्स भी कहा जाता है, आधुनिक सूचना प्रौद्योगिकी के क्षेत्र में एक महत्त्वपूर्ण योगदान है। ई-जर्नल्स ने शोधकर्ताओं, छात्रों, और पेशेवरों के लिए ज्ञान और जानकारी प्राप्त करने के तरीके को बदल दिया है।

ई-जर्नल्स की परिभाषा

ई-जर्नल्स वे जर्नल्स होते हैं जो इन्टरनेट के माध्यम से इलेक्ट्रॉनिक रूप में उपलब्ध होते हैं। पारम्परिक प्रिंट जर्नल्स के विपरीत, ई-जर्नल्स को कम्प्यूटर, टैबलेट या स्मार्टफोन पर ऑनलाइन पढ़ा जा सकता है। ये जर्नल्स विभिन्न विषयों पर शोध पत्र, लेख और समीक्षाएँ प्रदान करते हैं।

ई-जर्नल्स का महत्त्व

ई-जर्नल्स का महत्त्व कई कारणों से है:

1. त्वरित पहुँच: ई-जर्नल्स किसी भी समय और कहीं भी इन्टरनेट कनेक्शन के माध्यम से आसानी से उपलब्ध होते हैं। इससे शोधकर्ता और छात्र अपनी आवश्यक जानकारी को तेज़ी से प्राप्त कर सकते हैं।

2. अद्यतन जानकारी : ई-जर्नल्स में अद्यतन और नवीनतम शोध और जानकारी उपलब्ध होती है, जो प्रिंट जर्नल्स की तुलना में अधिक तेज़ी से प्रकाशित होती है।

3. पर्यावरण संरक्षण: ई-जर्नल्स का उपयोग कागज की बचत करता है, जिससे पर्यावरण संरक्षण में योगदान मिलता है। यह कागज की बर्बादी को कम करता है और संसाधनों की बचत करता है।

4. व्यापक पहुँच : ई-जर्नल्स की पहुँच व्यापक होती है। यह दूरस्थ और ग्रामीण क्षेत्रों के शोधकर्ताओं और छात्रों के लिए भी उपलब्ध होते हैं, जहाँ प्रिंट जर्नल्स की पहुँच सीमित हो सकती है।

ई-जर्नल्स के उपयोग

ई-जर्नल्स का उपयोग विभिन्न क्षेत्रों में किया जाता है। यहाँ कुछ प्रमुख उपयोग का विवरण दिया गया

1. शैक्षिक संस्थान - विश्वविद्यालयों और कॉलेजों में ई-जर्नल्स का व्यापक उपयोग होता है। छात्र और शोधकर्ता

अपने अध्ययन और अनुसंधान के लिए ई-जर्नल्स का उपयोग करते हैं।

2. शोध और विकास: वैज्ञानिक और तकनीकी अनुसंधान में ई-जर्नल्स का महत्त्वपूर्ण स्थान है। शोधकर्ता अपने अनुसंधान के लिए नवीनतम लेख और शोध पत्रों को संदर्भित करते हैं।

3. चिकित्सा क्षेत्र: चिकित्सा क्षेत्र में डॉक्टर और शोधकर्ता नवीनतम चिकित्सा अनुसंधान और उपचार के तरीकों के लिए ई-जर्नल्स का उपयोग करते हैं।

4. व्यवसाय और प्रबंधन: व्यवसाय और प्रबंधन के क्षेत्र में पेशेवर अपने ज्ञान को अद्यतन रखने और नवीनतम प्रथाओं को समझने के लिए ई-जर्नल्स का उपयोग करते हैं।

5. विधिक क्षेत्र : कानून और विधिक क्षेत्र में वकील और कानूनी विशेषज्ञ नवीनतम कानूनी निर्णयों और विधिक शोध के लिए ई-जर्नल्स का उपयोग करते हैं।

ई-जर्नल्स के लाभ

ई-जर्नल्स के कई लाभ हैं, जो उन्हें पारम्परिक प्रिंट जर्नल्स से अधिक प्रभावी बनाते हैं:

1. आसान खोज और पहुँच : ई-जर्नल्स में सामग्री को आसानी से खोजा जा सकता है। कीवर्ड, लेखक का नाम, या विषय के आधार पर सामग्री को खोजने में आसानी होती है।

2. स्थान की बचत: ई-जर्नल्स डिजिटल रूप में होते हैं, जिससे भौतिक स्थान की आवश्यकता नहीं होती। यह पुस्तकालयों और कार्यालयों में स्थान की बचत करता है।

3. लागत प्रभावी : ई-जर्नल्स की सब्सक्रिप्शन लागत प्रिंट जर्नल्स की तुलना में कम हो सकती है। इसके अलावा, शिपिंग और भंडारण की लागत भी बचती है।

4. इंटरएक्टिव सामग्री : ई-जर्नल्स में इंटरएक्टिव सामग्री जैसे वीडियो, ग्राफिक्स, और हाइपरलिंक्स शामिल हो सकते हैं, जो पाठकों के लिए अधिक जानकारीपूर्ण और आकर्षक होते हैं।

ई-जर्नल्स की चुनौतियाँ

ई-जर्नल्स के कई लाभों के बावजूद, कुछ चुनौतियाँ भी हैं जिनका सामना करना पड़ता है:

1. इन्टरनेट की आवश्यकता: ई-जर्नल्स को एक्सेस करने के लिए इन्टरनेट कनेक्शन की आवश्यकता होती है। दूरस्थ और ग्रामीण क्षेत्रों में इन्टरनेट की कमी के कारण यह एक बड़ी चुनौती हो सकती है।

2. तकनीकी समस्याएँ: ई-जर्नल्स को एक्सेस करने में तकनीकी समस्याएँ हो सकती हैं, जैसे वेबसाइट का धीमा लोड होना, लॉगिन समस्या, आदि।

3. लाइसेंस और सब्सक्रिप्शन: कई ई-जर्नल्स मुफ्त में उपलब्ध नहीं होते और उन्हें एक्सेस करने के लिए लाइसेंस या सब्सक्रिप्शन की आवश्यकता होती है, जो सभी के लिए सुलभ नहीं हो सकता।

4. डिजिटल साक्षरता : ई-जर्नल्स का उपयोग करने के लिए डिजिटल साक्षरता की आवश्यकता होती है। सभी लोग तकनीकी ज्ञान और डिजिटल उपकरणों का उपयोग करने में कुशल नहीं होते।

ई-जर्नल्स का भविष्य

ई-जर्नल्स का भविष्य उज्ज्वल है और इसमें निरंतर विकास और सुधार हो रहे हैं। यहाँ कुछ भविष्य की संभावनाओं का विवरण दिया गया है:

1. बढ़ती पहुँच : इन्टरनेट की पहुँच बढ़ने से ई-जर्नल्स की उपलब्धता भी बढ़ेगी। दूरस्थ और ग्रामीण क्षेत्रों के लोग भी आसानी से ई-जर्नल्स का उपयोग कर सकेंगे।

2. अधिक इंटरएक्टिव सामग्री : ई-जर्नल्स में अधिक इंटरएक्टिव सामग्री जोड़ी जाएगी, जैसे 3डी मॉडल, वर्चुअल रियलिटी, और ऑगमेंटेड रियलिटी। यह पाठकों के अनुभव को और भी रोचक और जानकारीपूर्ण बनाएगा।

3. ओपन एक्सेस : ओपन एक्सेस ई-जर्नल्स की संख्या बढ़ रही है। इससे शोधकर्ताओं और छात्रों को मुफ्त में उच्च गुणवत्ता की जानकारी प्राप्त करने में मदद मिलेगी।

4. डेटा एनालिटिक्स: ई-जर्नल्स में डेटा एनालिटिक्स का उपयोग बढ़ेगा, जिससे पाठकों के पढ़ने के पैटर्न और रुचियों का विश्लेषण किया जा सकेगा। इससे प्रकाशक अपनी सामग्री को और भी बेहतर बना सकेंगे।

अध्याय - 33

छात्र ब्लॉग

आज के डिजिटल युग में, इन्टरनेट ने शिक्षा और संचार के तरीकों को पूरी तरह से बदल दिया है। इसी कड़ी में, छात्र ब्लॉग एक महत्त्वपूर्ण माध्यम के रूप में उभरा है। छात्र ब्लॉग न केवल छात्रों को अपनी आवाज़ उठाने का मौका देता है, बल्कि उन्हें अपने विचारों और अनुभवों को साझा करने का प्लेटफ़ॉर्म भी प्रदान करता है।

छात्र ब्लॉग का महत्त्व

छात्र ब्लॉग का महत्त्व कई मायनों में देखा जा सकता है:

1. आत्म अभिव्यक्ति: ब्लॉग लिखने से छात्रों को अपने विचारों और भावनाओं को स्वतन्त्र रूप से व्यक्त करने का मौका मिलता है। यह आत्म-अभिव्यक्ति के लिए एक बेहतरीन माध्यम है।

2. लेगान कौशल में सुधार: नियमित ब्लॉग लेखन से छात्रों के लेखन

कौशल में सुधार होता है। यह उन्हें भाषा, व्याकरण और संरचना में सुधार करने का अवसर देता है।

3. ज्ञान का विस्तार: ब्लॉग लिखने के लिए, छात्रों को विषयों पर शोध करना पड़ता है। इससे उनका ज्ञान बढ़ता है और वे नए-नए विषयों को समझने में सक्षम होते हैं।

4. डिजिटल साक्षरता : ब्लॉगिंग से छात्रों की डिजिटल साक्षरता में वृद्धि होती है। वे विभिन्न डिजिटल उपकरणों और प्लेटफ़ॉर्म्स का उपयोग करना सीखते हैं।

5. नेटवर्किंग और समुदाय: ब्लॉगिंग के माध्यम से, छात्र समान रुचियों वाले लोगों से जुड़ सकते हैं और एक ऑनलाइन समुदाय का हिस्सा बन सकते हैं। यह नेटवर्किंग के लिए एक महत्त्वपूर्ण माध्यम है।

छात्र ब्लॉग के लाभ

छात्र ब्लॉग के कई लाभ हैं, जो इसे छात्रों के लिए एक मूल्यवान संसाधन बनाते हैं:

1. आत्मविश्वास में वृद्धि: अपने विचारों और अनुभवों को साझा करने से छात्रों का आत्मविश्वास बढ़ता है। उन्हें अपनी आवाज़ की महत्त्वपूर्णता का एहसास होता है।

2. व्यक्तिगत ब्रांडिंग : ब्लॉगिंग से छात्रों को अपने व्यक्तिगत ब्रांड को विकसित करने का अवसर मिलता है। वे अपनी विशेषज्ञता और रुचियों को दर्शा सकते हैं, जो भविष्य में उनके करियर में मददगार हो सकता है।

3. सीखने का अनुभव : ब्लॉग लिखते समय, छात्र विभिन्न विषयों पर गहन अध्ययन करते हैं। यह एक शिक्षण अनुभव है जो उनकी समझ और ज्ञान को गहरा बनाता है।

4. करियर के अवसर: एक अच्छा ब्लॉग पोर्टफोलियो सम्भावित नियोक्ताओं के लिए आकर्षक हो सकता है। यह उनके कौशल और विशेषज्ञता को दर्शाता है।

5. सामाजिक जागरूकता : ब्लॉगिंग से छात्रों को सामाजिक मुद्दों के प्रति जागरूकता बढ़ाने का मौका मिलता है। वे अपने ब्लॉग के माध्यम से सामाजिक बदलाव ला सकते हैं।

छात्र ब्लॉग कैसे बनाएं

छात्र ब्लॉग बनाना एक सरल प्रक्रिया है, जिसमें कुछ प्रमुख चरण शामिल हैं:

1. विषय का चयन करें: सबसे पहले, उस विषय का चयन करें जिसमें आपकी रुचि हो और जिसके बारे में आप लिखना चाहते हैं। यह विषय आपकी विशेषज्ञता और रुचियों को दर्शाना चाहिए।

2. ब्लॉग प्लेटफ़ॉर्म चुनें: ब्लॉग बनाने के लिए एक उपयुक्त प्लेटफ़ॉर्म चुनें। वर्डप्रेस, ब्लॉगर, और मीडियम **जैसे** कई फ्री और पेड ब्लॉगिंग प्लेटफ़ॉर्म उपलब्ध हैं।

3. ब्लॉग सेटअप करें: ब्लॉग प्लेटफ़ॉर्म पर अकाउंट बनाएं और अपने ब्लॉग को सेटअप करें। इसमें ब्लॉग का नाम, डिज़ाइन, और लेआउट शामिल है।

4. सामग्री लिखें: अपने चुने हुए विषय पर नियमित रूप से सामग्री लिखें। ध्यान दें कि आपकी सामग्री जानकारीपूर्ण, रोचक और संक्षिप्त हो।

5. प्रकाशित करें: अपनी सामग्री को ब्लॉग पर प्रकाशित करें। इसे सोशल मीडिया और अन्य चैनलों के माध्यम से साझा करें ताकि अधिक लोग इसे पढ़ सकें।

6. प्रतिक्रिया प्राप्त करें: अपने पाठकों की प्रतिक्रिया प्राप्त करें और इसे अपने ब्लॉग को सुधारने के लिए उपयोग करें।

छात्र ब्लॉग के लिए सुझाव

यहाँ कुछ सुझाव दिए गए हैं जो छात्र ब्लॉगिंग को प्रभावी और सफल बना सकते हैं:

1. नियमितता बनाए रखें: नियमित रूप से ब्लॉग पोस्ट लिखें। यह आपके पाठकों को जोड़े रखता है और आपकी लेखन कौशल को भी सुधारता है।

2. उच्च गुणवत्ता की सामग्री लिखें : हमेशा उच्च गुणवत्ता की सामग्री लिखने का प्रयास करें। यह आपके ब्लॉग को पेशेवर और विश्वसनीय बनाता है।

3. सोशल मीडिया का उपयोग करें: अपने ब्लॉग को प्रमोट करने के लिए सोशल मीडिया का उपयोग करें। यह आपके ब्लॉग की पहुँच को बढ़ाता है और अधिक पाठकों को आकर्षित करता है।

4. विश्लेषण करें: अपने ब्लॉग के प्रदर्शन को नियमित रूप से विश्लेषण करें। यह आपको यह समझने में मदद करता है कि कौन सी सामग्री अधिक लोकप्रिय है और किस प्रकार के सुधार की आवश्यकता है।

5. अन्य ब्लॉगर्स से जुड़ें: अन्य ब्लॉगर्स के साथ नेटवर्किंग करें। उनके ब्लॉग्स पर टिप्पणियाँ करें और अपने ब्लॉग पर उन्हें आमंत्रित करें। यह आपकी ब्लॉगिंग यात्रा को और भी समृद्ध बना सकता है।

6. ओरिजिनल सामग्री लिखें: हमेशा ओरिजिनल सामग्री लिखें। नकल करने से बचें क्योंकि यह आपकी विश्वसनीयता को कम करता है।

छात्र ब्लॉगिंग के उदाहरण

यहाँ कुछ सफल छात्र ब्लॉगिंग के उदाहरण दिए गए हैं:

1. शिक्षा पर ब्लॉग: एक छात्र ने शिक्षा से सम्बन्धित विभिन्न मुद्दों पर ब्लॉग लिखना शुरू किया। उन्होंने शिक्षा प्रणाली, परीक्षा की तैयारी, और अध्ययन के तरीकों पर लेख लिखे, जिससे कई छात्रों को मदद मिली।

2. यात्रा पर ब्लॉग: एक छात्र ने यात्रा के अपने अनुभवों को साझा करने के लिए ब्लॉग शुरू किया। उन्होंने विभिन्न स्थानों की यात्रा की और अपने अनुभवों को ब्लॉग में लिखा, जिससे यात्रा प्रेमियों के बीच लोकप्रिय हो गए।

3. पर्यावरण संरक्षण पर ब्लॉग: एक छात्र ने पर्यावरण संरक्षण के मुद्दों पर ब्लॉग लिखना शुरू किया। उन्होंने जलवायु परिवर्तन, प्लास्टिक प्रदूषण, और टिकाऊ जीवनशैली पर लेख लिखे, जिससे उनके ब्लॉग को व्यापक पहचान मिली।

अध्याय - 34

छात्र जर्नल

छात्र जर्नल शैक्षणिक और व्यक्तिगत विकास का एक महत्त्वपूर्ण माध्यम है। यह छात्रों को अपने विचारों, अनुभवों और शोध को संक्षेप में प्रस्तुत करने का अवसर प्रदान करता है। छात्र जर्नल न केवल लेखन कौशल में सुधार करता है, बल्कि यह छात्रों को उनके अध्ययन और अनुसंधान को व्यवस्थित और सहेजने का भी मौका देता है।

छात्र जर्नल का महत्त्व

छात्र जर्नल का महत्त्व कई दृष्टिकोणों से देखा जा सकता है:

1. आत्म अभिव्यक्ति का माध्यम: छात्र जर्नल लिखने से छात्रों को अपने

विचारों और भावनाओं को स्वतन्त्र रूप से व्यक्त करने का मौका मिलता है। यह आत्म अभिव्यक्ति के लिए एक बेहतरीन माध्यम है।

2. लेखन कौशल में सुधार: नियमित जर्नल लेखन से छात्रों के लेखन कौशल में सुधार होता है। यह उन्हें भाषा, व्याकरण और संरचना में सुधार करने का अवसर देता है।

3. अनुशासन और नियमितता : जर्नल लेखन से छात्रों में अनुशासन और नियमितता की भावना विकसित होती है। यह उन्हें नियमित रूप से अपने विचारों को संगठित और संक्षिप्त रूप में प्रस्तुत करने में मदद करता है।

4. अनुसंधान और विश्लेषण: छात्र जर्नल में अपने अध्ययन और अनुसंधान को संक्षेप में प्रस्तुत कर सकते हैं। यह उन्हें अपने शोध को संरचित और सहेजने में मदद करता है।

5. आत्म-मूल्यांकन: जर्नल लेखन से छात्र अपने प्रदर्शन का आत्म- मूल्यांकन कर सकते हैं। यह उन्हें अपने कमजोर और मजबूत क्षेत्रों को पहचानने और उनमें सुधार करने का अवसर देता है।

छात्र जर्नल के लाभ

छात्र जर्नल के कई लाभ हैं, जो इसे छात्रों के लिए एक मूल्यवान संसाधन बनाते हैं:

1. स्मृति और ध्यान : जर्नल लेखन से छात्रों की स्मृति और ध्यान क्षमता में सुधार होता है। यह उन्हें अपने विचारों को स्पष्ट और संक्षेप में प्रस्तुत करने में मदद करता है।

2. तनाव कम करना : जर्नल लेखन से छात्रों को अपने भावनाओं और चिन्ताओं को व्यक्त करने का मौका मिलता है। यह तनाव को कम करने और मानसिक स्वास्थ्य में सुधार करने में मदद करता है।

3. व्यक्तिगत विकास: जर्नल लेखन से छात्रों में आत्म-चिंतन और आत्म-मूल्यांकन की भावना विकसित होती है। यह उनके व्यक्तिगत विकास में महत्त्वपूर्ण भूमिका निभाता है।

4. रचनात्मकता में वृद्धि : जर्नल लेखन से छात्रों की रचनात्मकता में वृद्धि होती है। यह उन्हें नए विचारों और दृष्टिकोणों को विकसित करने में मदद करता है।

5. शैक्षणिक सफलता: जर्नल लेखन से छात्रों की शैक्षणिक सफलता में सुधार होता है। यह उन्हें अपने अध्ययन और अनुसंधान को व्यवस्थित और सहेजने में मदद करता है।

छात्र जर्नल की संरचना

छात्र जर्नल की संरचना को ध्यान में रखते हुए, इसे लिखने के कुछ महत्त्वपूर्ण चरण हैं:

1. शीर्षक : अपने जर्नल के लिए एक उपयुक्त शीर्षक चुनें जो आपके विचारों और अनुभवों को संक्षेप में प्रस्तुत करता हो।

2. परिचय: जर्नल की शुरुआत में अपने विचारों और अनुभवों का परिचय दें। यह आपके जर्नल की पृष्ठभूमि को स्पष्ट करता है।

3. मुख्य सामग्री : अपने विचारों और अनुभवों को विस्तृत और संगठित रूप में प्रस्तुत करें। इसे विभिन्न उप- शीर्षकों में विभाजित करें ताकि पाठकों को समझने में आसानी हो।

4. निष्कर्ष: अपने जर्नल का निष्कर्ष लिखें जिसमें आपके विचारों का सारांश हो। यह आपके जर्नल को समापन प्रदान करता है।

5. संदर्भ: यदि आपने अपने जर्नल में किसी अन्य स्रोत का उपयोग किया है, तो उसे संदर्भ में उल्लेख करें। यह आपके जर्नल को विश्वसनीय बनाता है।

छात्र जर्नल लेखन के लिए सुझाव

यहाँ कुछ सुझाव दिए गए हैं जो छात्र जर्नल लेखन को प्रभावी और सफल बना सकते हैं:

1. नियमितता बनाए रखें: नियमित रूप से जर्नल लिखें। यह आपके लेखन कौशल को सुधारता है और आपके विचारों को संगठित रखने में मदद करता है।

2. सटीक और संक्षिप्त लिखें: अपने विचारों को सटीक और संक्षिप्त रूप में प्रस्तुत करें। यह आपके जर्नल को पठनीय और रोचक बनाता है।

3. व्यक्तिगत अनुभव शामिल करें: अपने जर्नल में व्यक्तिगत अनुभवों को शामिल करें। यह आपके जर्नल को अद्वितीय और आत्मीय बनाता है।

4. स्पष्ट भाषा का उपयोग करें: अपने जर्नल में स्पष्ट और सरल भाषा का उपयोग करें। यह पाठकों के लिए आपके विचारों को समझने में मदद करता है।

5. रचनात्मकता को प्रोत्साहित करें: अपने जर्नल में रचनात्मकता को प्रोत्साहित करें। नए विचारों और दृष्टिकोणों को शामिल करें जो आपके जर्नल को रोचक बनाते हैं।

6. प्रतिक्रिया प्राप्त करें : अपने जर्नल के बारे में अन्य लोगों से प्रतिक्रिया प्राप्त करें। यह आपके जर्नल को सुधारने में मदद करता है।

छात्र जर्नल के उदाहरण

यहाँ कुछ सफल छात्र जर्नल लेखन के उदाहरण दिए गए हैं:

1. शैक्षिक जर्नल: एक छात्र ने अपने शैक्षिक अनुभवों और सीखने के तरीकों पर जर्नल लिखा। उन्होंने अपने अध्ययन के टिप्स, परीक्षा की तैयारी के तरीके और शिक्षकों के साथ बातचीत के अनुभवों को साझा किया।

2. यात्रा जर्नल : एक छात्र ने अपनी यात्राओं के अनुभवों को जर्नल में संक्षिप्त किया। उन्होंने विभिन्न स्थानों की यात्रा की और अपने अनुभवों को चित्रों और विवरणों के माध्यम से प्रस्तुत किया।

3. परियोजना जर्नल : एक छात्र ने अपनी वैज्ञानिक परियोजना के बारे में जर्नल लिखा। उन्होंने अपने अनुसंधान के विभिन्न चरणों, प्रयोगों और निष्कर्षों को विस्तृत रूप में प्रस्तुत किया।